Burkhard Spinnen
Und alles ohne Liebe

Theodor Fontanes
zeitlose Heldinnen

Schöffling & Co.

Erste Auflage 2019
© Schöffling & Co. Verlagsbuchhandlung GmbH,
Frankfurt am Main 2019
Alle Rechte vorbehalten
Einbandbild: Vilhelm Hammershøi
Vorsatz: © Stadtmuseum Berlin
Satz: Fotosatz Amann, Memmingen
Druck & Bindung: Pustet, Regensburg
ISBN 978-3-89561-048-6
www.schoeffling.de

Und alles ohne Liebe

Theodor Fontanes
zeitlose Heldinnen

Die arme Else

Die Mutter spricht: »Lieb Else mein,
Du musst nicht lange wählen;
Man lebt sich ineinander ein,
Auch ohne Liebesquälen;
Manch Eine nahm schon ihren Mann,
Dass sie nicht sitzen bliebe,
Und dünkte sich im Himmel dann,
Und – alles ohne Liebe.«

Jung-Else hört's und schloss das Band,
Das ew'ge, am Altare,
Es nahm zur Nacht des Gatten Hand
Den Kranz aus ihrem Haare;
Ihr war zu Sinn, als ob der Tod
Zur Opferbank sie triebe,
Sie gab ihr alles, nach – Gebot,
Und – alles ohne Liebe.

Der Mann ist schlecht; er liebt das Spiel
Und guten Trunk nicht minder,
Sein Weib zu Hause weint zu viel,
Und ewig schrei'n die Kinder;
Spät kommt er heim, er kost, er – schlägt,
Nachgiebig jedem Triebe,
Sie trägt's, wie nur die Liebe trägt,
Und – alles ohne Liebe.

Sie wünscht sich oft, es wär' vorbei,
Wenn nicht die Kinder wären,
So aber sucht sie immer neu,
Den Gatten zu bekehren;
Sie schmeichelt ihm, und ob er dann
Auch kalt beiseit' sie schiebe,
Sie nennt ihn »ihren liebsten Mann«,
Und – alles ohne Liebe.

Fontane für Leser

An meine erste Fontane-Lektüre erinnere ich mich gut. Es war recht spät in meinem Lese-Leben, die Schule hatte ich längst hinter mir. Ich war um die Dreißig und schrieb gerade an meiner germanistischen Dissertation. Mein besonderes Interesse galt damals der deutschen Literatur um 1900, also der literarischen Moderne mit ihren anspruchsvollen Sprachexperimenten, an denen der 1819 geborene »Realist« Theodor Fontane selbst nicht mehr teilgenommen, ja, denen er recht kritisch gegenüber gestanden hatte. Ich las ihn auch nur, um eine allmählich peinliche Lektürelücke zu schließen, ich kannte ja nicht einmal *Effi Briest*!

Und was geschah? Ich las in Serie alle Romane Fontanes, sehr begeistert von diesen Texten, unter deren scheinbar konventioneller oder gar antiquierter Erzähloberfläche sich eine ganze Welt sozialer und psychologischer Spannungen verbarg. Nach meiner festen Überzeugung hatte diese Literatur in über hundert Jahren nichts an Bedeutung und auch nichts an Aktualität eingebüßt.

Im Anschluss an meine Dissertation wollte ich dann eine Habilitationsarbeit schreiben, deren inhaltlicher Mittelpunkt Fontanes Roman *Irrungen, Wirrungen* sein sollte. So sehr hatte mich dieses Werk fasziniert, in dem zwei Figuren schnurstracks auf eine soziale und seelische Katastrophe zusteuern, woraufhin allerdings so gut wie gar nichts Schlimmes passiert und die beiden einfach weiterleben, zu gut versorgt, um ganz verzweifelt zu sein, und zu beschädigt, um noch glücklich werden zu können. Im zweiten Teil von *Irrungen, Wirrungen* schildert Fontane etwas, das ich den »universellen Alltag« nennen wollte, einen Raum oder eine Lebensform, in der alles Dramatische bis zur Unkenntlichkeit gemildert oder gar aufgehoben wird. Diesem »universellen Alltag« sollte meine Arbeit auch in anderen literarischen Werken nachgehen. Ich habe sie mit Elan begonnen, aber beendet habe ich dann meinen ersten Roman. Man muss sich im Leben manchmal entscheiden; und vergebens war meine Beschäftigung mit Fontane ganz sicher nicht.

Etwa zehn Jahre nach meinem Ausstieg aus der akademischen Germanistik begegnete mir Fontane wieder, jetzt endlich als Schullektüre, allerdings als die meines Sohnes. Die Wiederbegegnung war leider höchst unerfreulich, denn offenbar war es im Deutschunterricht nicht gelungen, Schülern des beginnenden 21. Jahrhunderts einen lebendigen Zugang zu einem Roman des späten 19. Jahrhunderts zu ermöglichen. Dabei ging es ausgerechnet um *Irrungen, Wirrungen*, diesen meines Erachtens so modernen oder besser gesagt zeitlosen Text.

Ich habe das später immer wieder so erfahren: In der Schule werden Fontanes Romane in kleine und kleinste Leseeinheiten zerschnitten, bis das Wesentliche des Textes gar nicht mehr wahrnehmbar ist. Man legt Figuren-Charakteristiken an, die wenig Raum für die Ambivalenz der Akteure lassen. Und wird der Text überhaupt einmal als Ganzes betrachtet, dann nahezu ausschließlich als eine Art Dokument früherer gesellschaftlicher Zustände, die wir heute zum Glück überwunden haben.

Ich fürchte, in den letzten Jahrzehnten sind mehrere Generationen potentieller Fontane-Leser mit einer, um es vorsichtig zu formulieren: leichten Abneigung gegen diesen Autor in ihr Lese-Leben nach der Schule entlassen worden. Unvorsichtig formuliert: Es ist nicht das Richtige getan worden, Fontanes Texte als zeitlose Literatur zu empfehlen. Stattdessen gelten sie vielfach als verstaubt, obwohl, um nur ein Beispiel zu nennen, gerade jetzt wieder zunehmend junge Leute unter einer rigiden Bevormundung durch ihre Familien leiden.

Ich bin mir indes vollkommen sicher, dass es keine Herkulesarbeit ist, Fontanes Romane aufs Gegenwärtige und nicht aufs Überkommene hin zu lesen. Man muss nur damit aufhören, zum Beispiel *Effi Briest* als eine literarisierte Exemplifizierung des unmenschlichen Scheidungsrechts im wilhelminischen Kaiserreich zu verstehen, und stattdessen beobachten, wie ein unerfahrener junger Mensch auf seine Manipulation reagiert. Und statt *Irrungen, Wirrungen* bloß als Beispiel für die Standesschranken in einer von der Aristokratie dominierten Gesellschaft zu lesen, müsste man den Blick auf das lenken, was geschieht, wenn Menschen ihre Herzenswünsche mit sogenannten Vernunftgründen unterdrücken.

Der Richtungsanzeiger der Lektüre müsste von »Distanzierung« auf »Aneignung« gestellt werden. Effi wäre dann nicht das siebzehnjährige Mädchen aus einer weit entfernten Vergangenheit, das von seinen Eltern standesgemäß verheiratet wird, ohne dazu gefragt zu werden. Sie wäre vielmehr eine universelle Siebzehnjährige, die in Abhängigkeiten gerät und auf eine bestimmte Art und Weise darauf reagiert. Es mag ja sein, dass der individuelle Spielraum der weiblichen Figuren in Fontanes Romanen durch die patriarchalische Gesellschaftsordnung stark beschränkt ist. Aber das bedeutet noch lange nicht, dass in unserem demokratischen und, nun ja, weitgehend gleichberechtigten Alltag jeder Mann und jede Frau die Freiheit und die Individualität leben bzw. leben können, die ihnen die Gesetze erlauben. Immer noch, und wieder!, gibt es den bestimmenden Einfluss durch Familie und Religion, neu hinzugekommen ist der Druck, den Moden, Trends und die allgegenwärtige Kommunikation in sozialen Netzwerken auf den Einzelnen ausüben. Unsere Gegenwart ist voller Effis, voller Lenes. Man muss sich nur aufmerksam umsehen, dann erkennt man sie.

Was also habe ich im folgenden Text getan? Zunächst einmal habe ich Fontanes acht »Berliner Romane«, also die Texte, die in den 1870er und 1880er Jahren in Berlin spielen, in eine bestimmte Reihenfolge gebracht, und zwar nach Maßgabe dessen, wie stark und wie erfolgreich die weiblichen Hauptfiguren versuchen, ihre familiären und gesellschaftlichen Prägungen und Bestimmungen infrage zu stellen oder zu überwinden.

Nun mag man einwenden: Lohnt sich denn eine derart differenzierende Anordnung überhaupt? Sind nicht Fontanes Heldinnen einander traurig ähnlich? Alle sind sie doch fest in ihre Zeit gebunden und von der Gesellschaft bestimmt: als Untertanen in einem autoritären Staat und als Frauen in einer von den Männern beherrschten Gesellschaft. Tatsächlich gibt es unter ihnen keine Frauenrechtlerinnen, keine Revolutionärinnen, keine, die das gesellschaftliche System ernsthaft in Frage stellten oder daraus auszubrechen suchten. Sie machen allenfalls Fehler und bringen sich damit um ein vermeintliches Lebensglück; doch keine würde auch nur daran denken, eine Änderung der Verhältnisse im Großen und Ganzen einzufordern.

Das mag stimmen. Dennoch unterscheiden sie sich voneinander, und das sogar ganz erheblich! Ich denke, in meinem Arrangement treten ihre Unterschiede deutlicher hervor; ihre Eigenheiten überstrahlen ihre gemeinsame Rolle als Opfer der Gesellschaft. Ich habe Fontanes Heldinnen in gewissermaßen aufsteigender Linie angeordnet, angefangen mit den gänzlich passiven und unbeweglichen Schwestern Poggenpuhl, endend mit der aktivsten, wenngleich nicht unbedingt sympathischsten Figur Mathilde Möhring und ihrer Entwicklung. Wie die Mitglieder einer schwierigen Familie habe ich sie alle zu einem Gruppenbild arrangiert, besser: zu einer literarischen »Familienaufstellung«, in der jede ihren Platz findet, und zwar nach Maßgabe dessen, wie aktiv oder passiv sie sich gegenüber äußeren Zwängen verhält.

Und was habe ich noch getan? Etwas mit Absicht Schlichtes, aber meines Erachtens sehr Wichtiges. Ich habe nämlich versucht, beispielhaft vorzuführen, wie man über die einzelnen Texte sprechen, wie man sie lesend durchschreiten kann, ohne im Dickicht der historischen Bezüge steckenzubleiben. Meine Inhaltsangaben sollen den Figuren ihre zeitgenössischen Kostüme und den Schauplätzen ihr nostalgisches Lokalkolorit nehmen. Ich glaube fest, dass man manches nur etwas anders aussprechen muss, und schon spielen die Romane nicht anno Tobak, sondern in einem zeitlosen Jetzt. Auf diese Art und Weise möchte ich allen Lesern, insbesondere Lehrern und Schülern, Mut machen, die Texte nicht als »historische« Romane und nicht als Material für langweilige Schulaufgaben zu begreifen, sondern als Darstellung brennender Fragen, auf die es immer wieder eine Antwort zu finden gilt.

Etwa so: Eine Mutter, eine kaltherzige und unbefriedigte Person, verkuppelt ihre Tochter an ihren früheren Freund, damit die Kleine es einmal besser haben soll und damit sie ihren alten Schwarm wenigstens als Schwiegersohn bekommt. Sehr übel. Aber die wichtige Frage lautet: Was genau tut die Tochter jetzt? Und was bringt es ihr?

Oder: Jemand verzichtet auf das Glück seines Lebens, weil er sich sagt, dass es viel zu schwierig und wahrscheinlich aussichtslos ist, dafür zu kämpfen. Lieber richtet er sich mit dem ein, was er leicht bekommen kann. Frage jetzt: Geht das? Oder kostet es ihn vielleicht mehr als der Kampf, selbst wenn er ihn verloren hätte?

Die folgenden Kapitel sind also Entwürfe dazu, wie ich mir die Lektüre der Fontaneschen Romane vorstellen könnte. Ich habe versucht, darin den Ton vorzugeben, auf den ich eine solche Lektüre stimmen würde. Und ich habe sehr viel absichtlich weggelassen. Von allem Zeittypischen und Historischen wie der Adelsgesellschaft, den rechtlichen Verhältnissen oder der Dominanz des Militärischen rede ich kaum, ich lasse auch, wenn eben möglich, die alten Titel weg. Raus aus dem historischen Dschungel!, lautet die Devise.

Auch zur literarischen Machart und insbesondere zu den »tausend Finessen«, die Fontane in seine Romane eingebaut hat, sage ich so gut wie nichts. Das soll nun wirklich keine nachträgliche Abrechnung mit der Literaturwissenschaft sein! Sie ist ein wunderbares Metier. Ich denke allerdings, dass die Lektüre eines bedeutenden literarischen Texts immer, und also auch in der Schule, vom großen Ganzen zu den Teilen und zum Kleinen gehen sollte und nicht umgekehrt. Was nutzt es, wenn man sich mit stilistischen oder kompositorischen Detailfragen befasst, das Werk als Ganzes aber an einem vorbeirauscht? Das nutzt gar nichts und sollte eigentlich nicht passieren. Einem Fontane erst recht nicht. Das ist mein großer Wunsch. Und darum dieses Buch.

Therese, Sophie, Manon
oder: der Stillstand

*D*ie *Poggenpuhls* ist einer der letzten »Berliner Romane«, in Buchform 1896 veröffentlicht. Er gehört aber an den Anfang meines Arrangements, weil es der Roman vom Stillstand des Lebens ist, beobachtet an einem ziemlich unauffälligen und weitgehend undramatischen Beispiel. Die Handlungsarmut des Textes verstörte schon die zeitgenössischen Kritiker; und tatsächlich geschieht hier ausgesprochen wenig. Von Konflikt oder tragischer Zuspitzung kann kaum die Rede sein. Durchweg sind die Figuren am Ende des Romans ziemlich genau da, wo sie schon bei seinem Beginn waren, wenngleich das fast als ein Erfolg gelten muss. Es hätte auch schlimmer kommen können.

Ganz seinem immer wieder geübten Verfahren entsprechend, lässt Fontane seine Protagonisten nicht gegen die Verhältnisse aufbegehren, unter denen sie leiden. Die Poggenpuhls leben vielmehr ähnlich wie eine biologische Art, die den gewandelten Lebensbedingungen in ihrer Umgebung nicht mehr gewachsen ist, das heißt, sie erleiden nicht etwa heroische Niederlagen im Kampf um ihre Existenz, sondern sie sterben bloß sang- und klaglos aus.

Worum geht es genau? Die Witwe Poggenpuhl lebt mit dreien ihrer fünf Kinder, den Töchtern Therese, Sophie und Manon, in einem Schöneberger Mietshaus.

Der Ehemann und Vater, ein Berufsoffizier im mittleren Range, ist vor über siebzehn Jahren im Krieg getötet worden. Seiner Frau und den Kindern hat er denkbar wenig an Materiellem hinterlassen, drei Goldmünzen, mehr nicht. Allerdings gehören die Poggenpuhls einer traditionell bevorzugten sozialen Schicht an, sie sind von altem Adel, und der wertvollste Familienschatz ist die sorgsam gehegte Erinnerung an ein paar Vorfahren, die ebenfalls Offiziere im mittleren Range waren und ebenfalls auf einem Schlachtfeld getötet wurden. Da mit dem alten Adel allerdings keinerlei Besitz mehr verbunden ist, vegetieren die Poggenpuhls auf der Armutsgrenze, wenn nicht sogar ein Stück jenseits davon. Finanziell gesehen, geht es ihnen schlechter als mancher Arbeiterfamilie!

Doch das wollen sie nun wirklich nicht wahrhaben. Die vier Poggenpuhl-Frauen tun stattdessen so, als sei die Familie nur in einen vorübergehenden Wartestand gerückt, aus dem sie die Karriere der beiden Söhne wieder erlösen wird. Leider sehen die beiden, natürlich Offiziere wie ihre Väter und Vorväter, nicht aus wie hoffnungsvolle Karrieristen. Der ältere, Wendelin, ist zwar ein kreuzbraver, fleißiger und konformer Streber, aber ob sich seine Hoffnungen auf einen höheren Posten erfüllen werden, ist äußerst fraglich, da man in der Armee nur ungern Leute befördert, die von Hause aus zu arm sind, um ihrer Stellung gemäß leben zu können. Es ist zu befürchten, dass Wendelin, der jetzt schon in einem Beförderungsstau steckt, es auch wieder nur zu einem Offizier im mittleren Range bringen wird, der auf irgendeinem Schlachtfeld einen eher unauffälligen Tod finden wird.

Mit dem jüngeren Sohn, Leo, steht es noch schlimmer. Er ist der Liebling der Familie, ein fröhlicher und aufgeweckter Junge, leider überhaupt nicht ehrgeizig, und außerdem sitzt er mit seinen zweiundzwanzig Jahren so tief in der Schuldenfalle, dass er bereits über Karriere-Alternativen nachdenkt. Voraussetzung dafür wäre allerdings, dass er mit der geheiligten Familientradition brechen müsste. Man könnte auch sagen: Er müsste sich über den Dünkel seiner Verwandten hinwegsetzen. Er könnte zum Beispiel eine reiche jüdische Bankertochter heiraten, sie bekäme dann seinen alten Namen, er ihr neues Geld; das würde ihn allerdings die Militärkarriere kosten. Er könnte auch ins Ausland gehen, nach Afrika, wo solche wie er noch gute Posten finden. Vielleicht könnte er sogar Schauspieler werden.

Leo ist es dann auch, der zu Beginn des Romans dessen kleine Handlung anstößt, indem er sich zum Geburtstag der Mutter in Berlin ankündigt und damit die Frauen in eine schlimme Verlegenheit stürzt. Denn Leo ist mal wieder blank, und die Frauen wären unmöglich imstande, das Geld für die Rückreise zu seinem Dienstort aufzubringen.

Muss da eigentlich noch erwähnt werden, dass an eine Verheiratung der drei Töchter, sie sind zwischen siebzehn und dreißig, nicht zu denken ist? Nun, das versteht sich von selbst; denn ein standesgemäßer Bräutigam würde ohne Mitgift keinerlei Interesse zeigen. Und unter Stand zu heiraten, das kommt für eine

Poggenpuhl einfach nicht in Frage. Wo kämen wir da hin?

Tatsächlich versuchen die vier Frauen in der Großgörschenstraße, vor allem die Töchter, am Selbstbewusstsein und an den Lebensformen festzuhalten, zu denen sie sich durch ihre Geburt verpflichtet fühlen. Das ist manchmal so komisch, dass man als Leser Gefahr läuft, die Erbärmlichkeit ihrer Lebensumstände zu übersehen. So haben die Frauen in der letztlich viel zu kleinen und schlecht geschnittenen Wohnung das beste Zimmer zum »Salon« erklärt und mit ein paar bescheidenen Familienportraits und einigen unsinnigen Möbeln ausstaffiert. Dabei empfangen sie gar keine Gäste; die Bewirtung eines eventuellen Besuchs können sie sich überhaupt nicht leisten. Der Raum ist bloß Alibi, weniger für andere und mehr für sich selbst eingerichtet; er ist das staubige Museum einer Vergangenheit, die immer noch schöner und bedeutender geredet wird, ja, werden muss, weil die Gegenwart nun mal so erbärmlich ist. Tatsächlich leben die Poggenpuhls in einem kleineren Zimmer neben dem Salon, und wie richtig arme Leute schlafen sie in einer Art Flur, wobei es für die vier Frauen nur drei Betten gibt. Ganz hinten schließlich, in der Küche, liegt das eigentliche Zentrum der Wohnung, dort wohnt und waltet Friederike, ein altersloses Hausmädchen, das weniger wie eine Bedienstete und mehr wie eine Pflegerin der Familie erscheint.

Dass die Poggenpuhls so weit unten leben, hängt natürlich auch damit zusammen, dass sich die gesellschaftliche Schicht, aus der sie stammen, auf dem absteigenden Ast befindet. Das Eckhaus in der Großgörschenstraße ist ein Sinnbild für die Umwälzung der sozialen Verhältnisse. Denn der Vermieter der vier Frauen ist ausgerechnet der frühere Maurerpolier Nottebohm, der vor siebzehn Jahren einfacher Soldat im Truppenteil des gefallenen Majors war. Der Krieg hatte die Familie Poggenpuhl in die Armut gestürzt, aber im anschließenden Wirtschaftswunder aus dem Maurerpolier einen Hausbesitzer gemacht. Der hat nun den Poggenpuhls versprochen, ihre Miete nie zu erhöhen. Das ist ein feiner, vielleicht aber auch nicht ganz uneigennütziger Zug. Ich denke, Nottebohm hält sich die Poggenpuhls in seinem Haus wie eine kleine Sammlung lebendiger Maskottchen. Denn sie und ihr sozialer Abstieg sind schließlich so etwas wie das Umkehrbild seines eigenen Aufstiegs.

Was den Poggenpuhls in dem kleinen Roman widerfährt, ist ebenso wie die Art und Weise, in der sie darauf reagieren, eine Illustration des vollkommenen Stillstands, in den sie sich ergeben haben. Und noch einmal: Wichtig für uns gegenwärtige Leser ist dabei nicht so sehr, dass hier, am Ende des 19. Jahrhunderts, der Kleinadel untergeht. Wir sollten den Text vielmehr als ein Lehrstück dafür begreifen, wie sich einzelne Individuen zum gesellschaftlichen Wandel verhalten. In der Literatur, und bei Fontane erst recht, geht es nic so sehr um die großen Abstraktionen, sondern vielmehr darum, wie sich konkrete Akteure verhalten und damit das große Ganze zum Erscheinen bringen.

Bei den vier Poggenpuhl-Frauen gibt es nun deutliche Unterschiede im Ähnlichen. Beginnen wir bei der Mutter, der »Alten«, wie sie genannt wird, obwohl sie gerade erst siebenundfünfzig geworden ist. Sie agiert als Klageweib mit gemäßigt weinerlichem Tonfall bei der Beerdigung des gesellschaftlichen Standes, in den sie übrigens erst durch ihre Heirat geraten ist. An ihrer Wohnung in der Großgörschenstraße schätzt sie nicht zuletzt die Aussicht auf den St.-Matthäus-Friedhof, also auf einen Ort von Stillstand und Ende. Aber auch ihre drei Töchter, von denen zwei selbst nach zeitgenössischer Auffassung noch jung, das heißt, im heiratsfähigen Alter sind, unternehmen keinen Versuch, dem sozialen Gefängnis ihrer dahinsterbenden Art zu entkommen.

Therese, die älteste, ist nun allerdings schon dreißig und darf sich also nicht allein wegen ihrer Armut keine Hoffnung mehr auf eine Verheiratung machen. Sie hat dementsprechend anderes im Sinn. Ihre selbst gewählte Aufgabe ist es, zu Hause und vor allem bei ihren Bekannten die Familien- und Standesehre hochzuhalten, jenes Höhere oder Bessere, das gewisse Menschen bloß durch ihre Geburt zu sein glauben. Bei ihren Besuchen, bevorzugt in der vermögenden Standesbekanntschaft, verteidigt sie die alte Gesellschaftsordnung und das alte herrschende Personal gegen das Nachdrängen und den Aufstieg der Nottebohms und ihresgleichen. Natürlich betreibt Therese keine aktive Politik! Sie ist vielmehr ein leicht verstaubtes, erzkonservatives Salonmöbel. Anders gesagt: Sie sitzt nur da und nörgelt und tadelt. Möglicherweise fungiert sie für ihre Gastgeber als eine Art personifiziertes schlechtes Gewissen, denn auch die Leute von altem Stand halten es mittlerweile mehr mit dem Geld als mit der Tradition. Gelegentlich darf Therese sich etwas leidlich Wertvolles erbitten. Wollte man ihr übel, könnte man sie eine komische Alte von dreißig Jahren nennen, die sich gegen kleines Geld an die vermietet, denen ein bisschen vor der Zukunft graut, ohne dass sie es zugeben wollten. Aber man will ihr nicht übel, auch Fontane selbst nicht, wenngleich sie sicherlich die am wenigsten sympathisch gezeichnete Figur in dem kleinen Roman ist.

Sophie, die mittlere der beiden Schwestern, ist, was man früher ein patentes Mädchen genannt hätte. Heute könnte sie vielleicht schon als taff gelten. Wäre sie bloß bereit, unter ihrem Stand zu heiraten, was eigentlich nur heißt: ohne ihren Dünkel, sie würde eher heute als morgen einen Mann finden. So eine wie sie nähme man mit Kusshand, sie müsste sich nur gegen ihr eigenes Aussterben entscheiden. Ein paar Jahrzehnte später hätte Sophie sogar ohne Mann und auf eigenen Füßen Karriere machen können. Sie ist nämlich mit vielen Talenten ausgestattet. Sie hätte Kunstlehrerin werden können oder gleich Malerin, Musikerin natürlich auch. Wenn es verlangt wird, dichtet oder kocht sie; sogar von Physik soll sie etwas verstehen. In den siebziger Jahren des letzten Jahrhunderts sehe ich sie als engagierte Ökotrophologin, heute am ehesten als Kreative in einer Werbeagentur.

Doch da sie nun mal nichts anderes sein kann oder will als ein verarmtes Fräulein von Stand, darf sie ihre Fähigkeiten nur durch die Hintertür dorthin schmuggeln, wo Leute wohnen, die zwar viel Geld besitzen, aber noch nicht den Schliff und die Umgangsformen der früher herrschenden Gesellschaftsschicht. Diese Leute nun wollen nicht nur reich sein, sie wollen auch »Klasse« haben; und darin gibt ihnen Sophie Nachhilfeunterricht. Natürlich ist das keine Arbeit! So eine wie Sophie darf doch nicht arbeiten! Sie hilft nur ein bisschen aus, es sind reine Freundschaftsdienste, und natürlich erhält sie dafür auch keine Honorare, sonst wäre es ja Arbeit, sondern, sagen wir: kleine Geschenke. Aber die lassen sich gut im Secondhandladen verkaufen, und tatsächlich ist die Familie auf Sophies diskrete Einkünfte dringend angewiesen, um nicht buchstäblich zu verhungern.

Allerdings würde diese Mischung aus Selbstbetrug und Nebenerwerb nicht so gut funktionieren, wäre da nicht die jüngste Schwester Manon, gerade mal siebzehn Jahre alt. Sie ist Sophies umtriebige und souveräne Managerin. Manon hat als Jüngste der vier armen Frauen wahrscheinlich intuitiv begriffen, dass nur ein enger Kontakt mit den aufstrebenden Teilen der Gesellschaft ihr das Überleben sichern kann. Ihre beste Freundin ist die Tochter einer vermögenden jüdischen Bankerfamilie. Dabei ist Manon keineswegs kalt und berechnend, das nun wirklich nicht! In ihrem Verhalten sind Standesbewusstsein und Überlebenswille, Kalkül und Herzlichkeit nicht voneinander zu unterscheiden. Ihre jüdischen Freundinnen stehen ihr so fern wie nah. Sie lebt mit ihnen in einer Art Symbiose. Während sie Flora Bartenstein und anderen die gehobene Lebensart in Gestalt ihrer Schwester Sophie vermittelt, sorgen die Familien der jungen Jüdinnen dafür, dass die letzten Poggenpuhls in ihrem kleinen Reservat einigermaßen friedlich und ungestört aussterben können.

Ich erlaube mir einmal zu rechnen und zu spekulieren: Manon ist kurz nach dem Tod ihres Vaters geboren, vielleicht noch 1870. Zur Jahrhundertwende wird sie dreißig sein. Mit Mitte Vierzig erlebt sie den Ausbruch des Weltkriegs; knapp fünfzig ist sie, als in den Monaten des Umsturzes 1918/19 jene alte Gesellschaft, der sich ihre Familie zugehörig fühlt, endgültig in Trümmer fällt. Die neue demokratische Republik wird ihr den letzten Anker ihres Selbstwertgefühls nehmen, den längst schon überflüssigen und hohlen Adelstitel. Wer weiß, vielleicht ist es zu dieser Zeit noch immer ihr »Beruf«, die begabte Schwester zu vermitteln, jetzt an Flora Bartensteins Kinder. Aber werden die jüdischen Bankerfamilien nun, da es nichts Altes und Höheres mehr gibt, dem man sich zwanghaft angleichen will, noch der alten Jungfern Poggenpuhl bedürfen? Ich fürchte, nein.

Ich spekuliere weiter. Die Goldenen Zwanziger Jahre werden keine gute Zeit für Manon sein. Alles gewinnt an Freiheit, nur sie verliert immer mehr. Und womöglich noch schlimmer wird es, wenn die Kinder und Enkel der Bartensteins nach 1933 vor dem Terror der Nazis fliehen oder ihm zum Opfer fallen. An wen kann Manon sich jetzt noch halten? Wer weiß, vielleicht sitzt sie, siebzig Jahre alt, in den Bombennächten des Zweiten Weltkriegs noch immer in der Wohnung Großgörschenstraße, aus der sie Nottebohms Nachkommen aus Aberglauben nicht vertrieben haben. Womöglich schläft sie selbst jetzt in der Küche wie damals das Dienstmädchen Friederike, während in den anderen Zimmern einschließlich des Salons, der nie einer war, die ausgebombten Nachbarn kampieren. Ich könnte mir sogar vorstellen, dass genau hier Manon auch stirbt. Auf einem Foto des Hauses aus der Nachkriegszeit sind dessen obere Geschosse, von denen man den Ausblick auf den Friedhof hatte, völlig zerstört, ja, gar nicht mehr vorhanden. Unter dem Schutt hätte Manon liegen können.

Aber: Soll man das Leben literarischer Figuren selbst zu Ende erzählen? Wenn, dann eher leise. Hier aber bietet es sich ausnahmsweise an, denn schon mit ihren siebzehn Jahren wird Manon es für sich ausschließen, ihr Leben selbst in die Hand zu nehmen und dem Aussterben ihrer Familie und ihres Standes zu entkommen. Dabei öffnet sich am Ende des Romans sogar ein kleines Fenster auf eine andere Zukunft. Ein zwar nicht reicher, so doch reich verheirateter Onkel Poggenpuhl, der es bis zum General gebracht hat, stirbt, bezeichnenderweise kinderlos. Seine Witwe, auch sie ohne Familie, setzt darauf den armen Poggenpuhls eine kleine Leibrente aus, nach heutiger Kaufkraft etwa 18 000 Euro jährlich. Außerdem wird Leo durch eine Einmalzahlung fürs Erste aus seiner Schuldenkrise gerettet.

Doch am meisten könnte Manon als die Jüngste von dem neuen Segen profitieren; denn eventuell ließe sich jetzt doch so etwas wie eine Mitgift für sie zusammenkratzen. Und von einer lukrativen Heirat würde die ganze Familie profitieren. Doch als ihre Schwester Therese in diese Richtung, nicht ganz uneigennützig, Vorschläge macht, zeigt sich Manon verstockt, oder vielmehr konsequent und hellsichtig, indem sie solche Gedanken von sich weist. Auch mit ein bisschen mehr Geld, so Manon, bleibe sie doch, was sie von Geburt ist, ein »armes Mädchen«. Das ist gewissermaßen ihr letzter Titel, die letzte Auszeichnung, an der sie festhält. Also bleibt alles beim Alten, für immer. Selbst die quicklebendige Manon will und wird kein eigenes Leben leben. Sie mag überlebenstüchtig sein, wirklich lebenstüchtig ist sie nicht. Mit siebzehn hat sie sich damit abgefunden, einfach nur die letzte ihrer Art und darauf auch noch stolz zu sein.

Der Roman *Die Poggenpuhls* unternimmt nun den kühnen Versuch, ein solches Beharren auf aussichtsloser Position nicht dem Spott preiszugeben. Tatsächlich geht es Fontane nicht darum, das Versagen der Protagonisten darzustellen oder sie als Repräsentanten eines allgemeinen psychologischen Defekts vorzuführen. Dabei haben sie alle, besonders die drei älteren Frauen, durchaus Talent zur satirischen Figur: die weinerliche ältliche Witwe, die hagestolze Jungfer Therese, die pusselige Sophie mit ihrem Bienenfleiß und ihrem

Pudelgesicht. Doch was sie sind und wofür sie stehen, das wird weniger in ihrem Scheitern gezeigt und mehr in der Art und Weise, wie sie weiterleben, wie sie das Wenige zu bewahren suchen, das ihnen geblieben ist. Und genau hier findet sich der Kern des Gegenwärtigen oder besser des Zeitlosen im Roman.

Es geht um die Methode, um den Alltag des Überlebens. Die Poggenpuhls versuchen es als Familie. Freilich nicht in einem aktiven, dynamischen Sinne, dazu fehlen ihnen die treibenden Kräfte, die ohnehin nur von den Männern ausgehen könnten. Und Familie sind sie auch nicht in einem historischen Sinne; die Bedeutung derer von Poggenpuhl war nie besonders überwältigend, und mittlerweile ist sie vollends verschlissen. Nein, Familie bedeutet für die Mutter und die Schwestern das Verfahren, mit dem sie sich ihren Platz nahe beim Abgrund beständig halbwegs sicher und leidlich erträglich reden. Wohlgemerkt: reden!

Wie alle Gesellschaftsromane Theodor Fontanes ist auch *Die Poggenpuhls* ein Roman aus Gesprächen. Mutter und Töchter haben eine Art kommunikativer Notgemeinschaft gegründet, in der sie beständig alles und jedes, seien es die kleinsten Kleinigkeiten der Haushaltung oder die großen Existenzfragen der Familie, bereden und besprechen – auch im Sinne von schönreden und beschwören. An der Oberfläche mag das wie banales Alltagsgerede erscheinen, als Beweis für Fontanes Fähigkeit, den Berlinern seiner Zeit, egal welchem Stand sie angehörten, genau aufs Maul zu schauen. »Ja, so sind die Leute damals gewesen!«, möchte man sagen, begeistert von so viel Lokalkolorit des Tonfalls.

Aber man sagt es besser nicht. Die Art und Weise, wie sich die Poggenpuhls ihre sterbende Welt lebendig und ihre eigene Situation erträglich reden, ist ganz und gar universell und an keine Zeit gebunden. Die Vier bilden einen Chor mit verteilten Stimmen, in dem die Mutter für die Klage, Therese für die festen Standpunkte, Sophie fürs Sachlich-Praktische und Manon für den Optimismus zuständig ist. Und was dieser Chor auch immer intoniert, er tut es so, dass letzten Endes das gerade noch Erträgliche als das Richtige und das Richtige als gerade noch erträglich erscheinen. Mag auch das Leben der vier Frauen, nach Maßgabe ihrer Erwartungen und ihrer Wünsche betrachtet, eine dauernde Qual und Erniedrigung sein, so sind sie doch in der Lage, sich als Team über die Katastrophe ihres Aussterbens zu Lebzeiten hinwegzureden.

Und eben dies macht sie nicht nur überzeitlich, sondern auch sympathisch. Nicht allein, weil wir sie so gut bemitleiden können, fühlen wir gegenwärtigen Leser uns den Poggenpuhls nahe, sondern weil wir selbst die meiste Zeit wünschten, wir wären genau wie sie in der Lage, uns unsere Welt so erfolgreich zurechtzureden und damit erträglich zu machen. Poggenpuhls mögen ihrem Untergang tatenlos entgegendriften; aber solange es eben geht, bestärken sie sich gegenseitig in der Gewissheit, auf der richtigen Seite zu sein. Und einmal ehrlich: Wer dieses Kunststuck vollbringt, ist der nicht vor allen Katastrophen besser geschützt als all die Karrieristen und Neureichen, die permanent um den Verlust ihrer Besitzstände fürchten und im Falle eines Bankrotts nichts mehr haben, an das sie sich halten können?

Die Poggenpuhls aber bewahren gemeinsam den unerschütterlichen Glauben an sich selbst. Im letzten Gespräch des Romans bezeichnet die Mutter die Duldungsstarre, in der sie selbst verharrt und zu der sie ihre Töchter verpflichtet, als »Demut«. Das ist wahrlich kühn formuliert, doch immerhin, es funktioniert: als ein Zauberwort, mit dem man sich vor der Verzweiflung rettet.

Effi und Cécile
oder: die Hilflosigkeit

Was mache ich denn da? Ich stelle Effi von Instetten, geb. Briest und Cécile von St. Arnaud nebeneinander in ein Kapitel, so als würde ich die beiden Frauen im gleichen Zimmer eines Pensionats unterbringen, oder besser gesagt: in der gleichen Abteilung eines Sanatoriums. Dabei scheinen sie in der literarischen Öffentlichkeit einander kaum begegnet zu sein. Effi ist die Hauptfigur in Fontanes mit Abstand populärstem Roman; aber ich bin mir sicher, dass ein Großteil derer, die Effi kennen und lieben, Cécile nicht einmal vom Namen her kennt.

Und das ist alles andere als ein Wunder. Effi hat im Gegensatz zu Cécile das Zeug dazu, in ganz verschiedenen Epochen zu einer Art literarischer Volksheldin zu werden. Ich denke, von allen Fontaneschen Frauen ist sie am weitesten aus ihrem historischen Rahmen, besser sagte ich wohl: aus ihrem historischen Gefängnis herausgetreten. Sie ist das reizende siebzehnjährige Mädchen im Kittelkleid auf der Gartenschaukel, das plötzlich ins Haus gerufen und ohne Vorwarnung an einen zwanzig Jahre älteren Mann verheiratet wird. Ihre darauf folgende Geschichte und ihr Sturz ins Verderben besitzen ein enormes, gewissermaßen überzeitliches Rührpotential.

Cécile und ihre Geschichte scheinen dagegen ohne die historischen Verhältnisse nicht mehr so recht verständlich zu sein. Vor dem Einsetzen ihres Romans war sie die halboffizielle Kurtisane an einem kleinen Fürstenhof. Die Terminologie ist wohl zutreffend, aber den meisten wird man heute ausführlich erklären müssen, was das eigentlich bedeutet. Und wer dann verstanden hat, der ist wahrscheinlich geneigt zu sagen, dass sich dergleichen Fürstenquatsch heute erledigt habe und infolgedessen weder wichtig noch interessant sei.

Aber stimmt das wirklich? Stellen wir Cécile und Effi im Alter von siebzehn nebeneinander, was sehen wir dann? Ich denke, ganz einfach zwei sehr junge Frauen, besser: Mädchen, die für ein Leben als Besitztum ab- und hergerichtet werden, ohne dass sie auch nur den Hauch einer Chance hätten, sich dagegen aufzulehnen. Sie können nicht einmal ihre Meinung äußern, denn niemand hat ihnen beigebracht, überhaupt eine eigene Meinung zu haben.

Eine weitere Ähnlichkeit: Bei beiden Mädchen übernimmt die eigene Mutter ihre Herrichtung, die schließlich eine Hinrichtung ist. Und das geschieht nicht per Zufall oder bloß aus Konvention, o nein, sowohl Effi als auch Cécile sollen zu einem Ersatz für die enttäuschten Hoffnungen ihrer Mütter werden oder, schlimmer noch, deren ungelebtes Leben stellvertretend für sie führen. So werden Effi und Cécile zum Spielball nicht nur für die Männerwelt, sondern auch für ihre eigenen Mütter.

Werden wir genauer: Effis Mutter hat als junge Frau

die Werbung eines gleichaltrigen Mannes ausgeschlagen. Instetten heißt er, vielversprechend war er, aber mehr auch nicht. Was genau sie für ihn empfunden hat, erfahren wir nicht. Sie ist stattdessen eine Ehe mit dem fast zwanzig Jahre älteren, arrivierten und einigermaßen vermögenden Herrn Briest eingegangen. Womöglich wäre eine Verbindung mit Instetten weniger nüchtern, weniger abenteuerfrei und weniger herzlos gewesen. Womöglich hätte Effis Mutter einen Instetten auch mehr respektiert als den Herrn Briest, dem sie wahrscheinlich insgeheim vorwirft, dass er von ihrer berechnenden Art profitiert hat. Ganz sicher ist die Gegenwart eines Ehemannes wie Briest eine dauernde schmerzliche Erinnerung an das Fehlen eines geliebten Menschen in ihrem Leben oder wenigstens an das Fehlen von einem, der sie geliebt hat.

Luise Briest ist noch nicht einmal vierzig Jahre, doch längst schon final unzufrieden mit ihrem Leben, wenngleich auf hohem Niveau. Das Fehlen von Gefühl in ihrem Alltag kompensiert sie mit einem beständigen Pochen auf Pflichterfüllung, Ordnung und andere Hilfstugenden. Seit siebzehn Jahren rechtfertigt sie sich Tag für Tag für ihre ganz persönliche Herzlosigkeit, indem sie die strenge Hüterin von Ordnung und Sittlichkeit spielt. Am liebsten wäre es ihr wahrscheinlich, könnte sie nachweisen, dass es überflüssig oder gar schädlich ist, ein Herz zu haben, denn dann hätte sie eine perfekte Rechtfertigung für das Loch in ihrer Brust.

Wen darf es jetzt noch wundern, dass sich Luise

Briests Herzlosigkeit klammheimlich in Grausamkeit verwandelt! Alles vollzieht sich beinahe von selbst. Man weiß gar nicht, wem man Vorwürfe machen soll, und auch der Roman hält sich damit sehr zurück. Zunächst sperrt die Mutter ihre Tochter in ein Kindheits-Reservat. Man kennt das heute mehr denn je. Der eigene Nachwuchs soll möglichst lange Kind und kindlich sein, damit man als Eltern den Kontakt zu diesem Stadium der Sorglosigkeit und der »Unschuld« nicht verliert. Auch kommt man so nicht in die Verlegenheit, mit seinen Kindern über das zu reden, was man als Erwachsener tun und was man nicht tun sollte. Werte? Verhaltensformen? Identität? O weh, das sind schwierige Themen, deren Behandlung man gern in die Zukunft verschiebt.

Luise Briest treibt es darin sehr weit, oder besser gesagt: Sie lässt ihre Tochter treiben. Die trägt noch mit siebzehn Kinderkleidung und turnt herum wie ein kleiner Junge. Ihr Taufname, vermutlich Elfriede, wird im Text nicht ein einziges Mal erwähnt, geschweige denn von irgendwem ausgesprochen. Und warum auch? Sie geht ganz in der kindlichen Kurz- und Koseform ihrer selbst auf. Schon der Name Effi ist ein Gefängnis, aus dem der Mensch, der so heißt, niemals ausbrechen wird.

Diese Effi nun liefert Luise Briest ausgerechnet an jenen Geert von Instetten aus, den sie vor fast zwanzig Jahren nicht geheiratet hat, weil er damals noch keine gute Partie war. Das ist er aber mittlerweile, er hat ein Amt und ganz im Gegensatz zum alten Briest sogar

Aussichten auf eine echte Karriere. Er stellt etwas dar. Außerdem ist er borniert genug zu glauben, dass er von der Höhe seiner Reputation und seiner achtunddreißig Jahre herab nicht um eine Siebzehnjährige werben muss. Bei einer Gleichaltrigen, Effis Mutter, ist ihm das schon einmal misslungen, da ist es jetzt wohl recht und billig, wenn die ihre Tochter als Ersatz anbietet, ohne dass er dafür auch nur einen Finger krumm machen oder ein Wort verlieren muss. Nein, die Braut wird ihm aus dem Garten herbeigerufen wie ein dressierter Hund. Und wenn sie dabei wie ein etwas verschwitztes kleines Mädchen aussieht, um so besser. Man würde gerne »pfui!« sagen und die Polizei rufen. Aber ich lasse es bei der Anmerkung, dass Ehen besser nicht so zustande kommen sollten, nämlich als Kinderhandel, egal in welcher Gesellschaft diesseits des Mittelalters.

Und damit zu Cécile. Wie Effi ist auch sie eine Kreation ihrer Mutter. Die hat als Frau des lebenslustigen und charmanten Herrn Woronesch von Zacha ein offenbar ganz reizvolles Leben im Dunstkreis eben jener höher gestellten Leute geführt, für die ihr Mann arbeitete. Allerdings machte Zacha nun wirklich zu viele Schulden und musste sich, da er den Standesdünkel seiner Arbeitgeber teilte, aus Gründen der Ehre das Leben nehmen. Damit wahrte er ein letztes Mal die Umgangsformen, brachte aber seine Familie buchstäblich ans Hungertuch.

Genau wie die Witwe Poggenpuhl hat auch die Witwe Zacha drei Töchter. Doch während die unbewegliche Majorswitwe mit ihren Töchtern nicht nur hungert, sondern auch auszusterben gedenkt, möchte sie sich durch ihren letzten Besitz gerne vor der Pleite retten. Es gilt also, die Töchter möglichst einträglich an den Mann zu bringen. Und um es einmal ganz ungeschminkt auszudrücken: Sie werden auf ein Leben als Luxusprostituierte vorbereitet. Das heißt, sie müssen schön, verehrungswürdig und verführerisch sein, etwas anderes auf keinen Fall! Sie lernen, Schleifen zu binden und Blicke zu schicken. Ansonsten dürfen sie nichts wissen oder können, denn das würde die Männer bei der Bewunderung und dem Genuss ihrer Schönheit am Ende nur stören. Tagsüber sollen sie als vollkommen passive Figuren in einem ziemlich albernen Spiel um Verehrung und Huldigung fungieren; ihre Funktion in den Nächten ergibt sich dann von selbst.

Tatsächlich hat Frau von Zachas Ausbildung den gewünschten Erfolg. Zumindest Cécile bringt diese Erziehung zu Schönheit und Unselbständigkeit den ersehnten Gönner ein. Wollte man etwas Gutes über die Mutter sagen, könnte man erwähnen, dass sie liebend gerne selbst an der Stelle ihrer Tochter wäre. Wollte man etwas Unfreundliches über sie sagen, müsste man sie eine Zuhälterin nennen.

Und, wer bemerkt nicht die Ähnlichkeiten? Die noch ganz kindliche, weil mit Absicht kindlich gehaltene Effi wird mit gerade mal siebzehn an den Herrn Instetten übergeben, was von außen betrachtet wie eine standesgemäße Verheiratung aussieht, in Wahrheit aber Menschenhandel ist, eine gesellschaftlich geduldete Sklaverei. Im gleichen Alter tritt Cécile bei einem ältlichen Playboy ihren Sklavendienst an, den sie gesellschaftlich nur in dem engen und künstlichen Lebensumfeld dieses Herrn überleben kann. Für die Welt draußen ist sie natürlich verbrannt und verloren. Nach dem Tod ihres »Besitzers« findet sie sich wie ein Teil des Inventars an dessen Sohn weitergereicht. Doch der ist leider auch einer von denen, die es eilig damit haben, das Aussterben ihrer Art voran zu treiben. Bald ist er tot, und Cécile steht auf der Straße.

Gut, sie hat eine großzügige Abfindung bekommen, und die Familie kann dank ihrer bisherigen Lebensleistung wieder auf größerem Fuße leben. Doch aus Cécile ist jetzt ein nicht mehr zu veräußernder Posten geworden. In der Welt jenseits der alten und kränkelnden Playboys ist sie eine frühverrentete Prostituierte, ein Niemand und weniger. Doch das hält ihre Mutter nicht davon ab, es noch einmal zu versuchen. Man lebt ja nicht im Zeitalter des Internets und darf daher glauben, gewisse Fehltritte erfolgreich verheimlichen zu können. Freilich ist das auch in der analogen Welt ein großes Risiko, und so entwickelt sich eine traurige Geschichte.

Ein strenger und etwas einsamer Soldat im höheren Rang hält um Céciles Hand an, da er ihr Vorleben nicht kennt. Allerdings klärt ihn ein Kollege auf. Der strenge Soldat reagiert trotzig. Er tötet den Überbringer der schlechten Nachricht im Duell, verlässt die Armee und heiratet Cécile. Damit beweist er, dass sein Wort etwas gilt, auch wenn er es unter falschen Voraussetzungen gegeben hat; und darauf legt er Wert. Zu diesem Zeitpunkt ist Cécile ein paar Jahre älter als Effi bei ihrer Verheiratung, doch der Soldat hat ihr fast dreißig voraus. Damit stimmen die ungleichen Verhältnisse wieder überein. Und auch die weiteren Ähnlichkeiten zwischen beiden Geschichten sind wirklich schlagend.

Denn beide Romane sind nun ganz der Frage gewidmet, ob ein Mensch, den man mit so viel Aufwand und Erfolg davon abgehalten hat, ein selbständiges und für sich selbst denkendes Individuum zu werden, außerhalb seines Treibhauses oder Reservates überleben kann. Die Antwort lautet in beiden Fällen: Nein, natürlich nicht. Man hätte als einigermaßen erfahrener Leser mit der Katastrophe rechnen können, das heißt: müssen. Aber die genauen Abläufe und Umstände von Effis und Céciles persönlicher Katastrophe dürfen niemandem vorenthalten bleiben. Wie alle gute Literatur macht es beide Romane aus, dass sie das unabwendbare Scheitern ihrer Figuren in seinen noch so kleinen Details minutiös schildern. Denn nur so kommt genug Anschauungsmaterial zusammen, das dem Leser eine Ahnung davon vermittelt, wie ein gelingendes Leben aussehen könnte, wenn nur alles ganz anders wäre.

Aber weiter im Text. Nicht nur Effis und Céciles Vor- und Prägungsgeschichten, sondern auch ihre Überlebensversuche sind derart ähnlich, dass man die beiden als literarische Zwillingsschwestern begreifen kann. Beide müssen erkennen, dass sie der Welt draußen und deren Anforderungen überhaupt nicht gewachsen sind. Doch als Reaktion auf den Schrecken der Realität nehmen sie nicht etwa irgendeine Art von

Nachhilfeunterricht in Leben. Stattdessen konzentrieren sie sich darauf, eine Rolle zu spielen, von der sie hoffen, darin den besonderen Schutz ihrer Umwelt genießen zu dürfen. Kurz gesagt: Sie bleiben mit großer Absicht Kinder. Und das ist eine vollkommen zeitlose Reaktion; allenfalls findet man sie heutzutage nur noch weiter verbreitet.

Effi bleibt das sorglos-verspielte Kind, das man sie so lange hat sein lassen. Sie ist jetzt zwar die Gattin eines bedeutenden Mannes, sie führt ein Haus, und umgehend wird sie selbst Mutter; doch sie tut nichts, um in diese Funktionen hineinzuwachsen, sie auszufüllen und damit, freilich nach Maßgabe der Möglichkeiten, eine eigene Identität zu gewinnen. Nein, das kann Effi nicht. Das hat sie nicht gelernt, das muss sie also nicht können. Und vielleicht ist es ja auch zu langweilig. Egal, schuld sind jedenfalls die anderen. Man kennt das: Da hat einer die Schule längst verlassen, wirft aber bei allen auftauchenden Problemen seinen Lehrern vor, dass sie ihm nicht beigebracht haben, damit klarzukommen. Ähnlich Effi. Gut, sie hat natürlich recht; man hat sie belogen und verkauft. Aber sie macht auch keinen ernsthaften Versuch, aus ihrer Rolle als Opfer auszubrechen.

Es ist zum Heulen. Sie bekommt ein Kind, doch das setzt ihrem eigenen Kindsein kein Ende. Ihre Tochter behandelt sie als Spielzeug, und das Kindermädchen ist eher das ihre als das ihres Kindes. Sie bekommt einen Hund, aber sie passt nicht auf ihn auf, sondern er auf sie. Und als besten Freund wählt sie sich einen Junggesellen und Kauz, der, indem er übertrieben wort- und gestenreich so tut, als sei Effi eine Dame, auch nur dafür sorgt, dass sie keine wird. Ach, und schließlich ist da noch der Ehemann, ein ziemlich trockener Knochen, der ähnlich wie seine Schwiegermutter billigend in Kauf nimmt, dass seine Frau ein dummes kleines Ding bleibt, denn das schützt ja womöglich vor schwereren Problemen, für die ihm sein anstrengendes Berufsleben nun wirklich keine Zeit lassen würde.

Die Geschichte vom Chinesen und dem Spuk im Hause Instetten wird immer wieder zitiert, wenn es um Effis Abhängigkeit und Unmündigkeit geht. Im ersten Stock schleifen die Gardinen, und es gibt eine ominöse Vorgeschichte. Man könnte nun hingehen und die Gardinen kürzen, was immer der Herr Gemahl auch dazu meint; doch stattdessen fixiert sich Effi auf ihre Ängste. Sicherlich sind die vermeintlichen Spukerscheinungen ihr alles andere als angenehm, doch als ein sekundärer Krankheitsgewinn liefern sie ihr die permanente Begründung ihres inneren und äußeren Stillstandes. Denn es gilt doch: Wer gezwungen wird, in einem Spukhaus zu leben, der muss darin nicht den Haushalt führen. Wer unter einem Geisterbann steht, ist nicht für sich selbst verantwortlich. Und Hand aufs Herz: Wer kennt nicht zumindest einen, der sich mit solchen oder ähnlichen Entschuldigungen ums Leben drückt? Wenn man es nicht gleich selbst ist, zumindest gelegentlich.

Schließlich geht Effi fremd, mit einem gewissen Crampas. Ist das vielleicht das große Aufbegehren, die große Revolution? Tatsächlich kann von Tat oder Untat kaum die Rede sein. Effis Ehebruch ist weder der große emotionale Ausbruch aus der von der Mutter verordneten Als-ob-Ehe, noch ist es eine souverän arrangierte erotische Abwechslung zum Alltagseinerlei des Lebens in der Provinz. Effi lässt nur geschehen, was man als junges Ding eben so geschehen lässt, wenn einem ein erfahrener Mittvierziger über den Weg läuft und seine Spielchen spielt. Effi, das Kind, das zuerst nicht erwachsen werden durfte und jetzt nicht will, tut weiterhin, was man eben so tut, wenn man keine Pläne und keine Ziele hat. Tatsächlich rutscht sie in die Affäre mit diesem Crampas ebenso willenlos wie zuvor in die Ehe mit Instetten. Es ist vielleicht etwas hart, das zu sagen: Aber Effi ist ein Beispiel dafür, dass ein Handeln ohne Souveränität und in Fremdbestimmtheit immer unmoralisch ist. Sowohl ihren Eltern als auch ihrem Mann, ihrem Kind und ihrem Liebhaber gegenüber ist Effi immer bloß das, von dem sie glaubt, man erwarte es von ihr. Doch wer es, warum auch immer, zu keiner eigenen Vorstellung von moralischem Handeln schafft, der verfehlt alle Moral. Und wer es allen recht zu machen versucht, der produziert am Ende nur Katastrophen.

Schließlich fliegt Effis Affäre auf, Jahre später, als sie schon lange so substanzlos geworden ist wie ihre Ehe. Instetten tötet Crampas im Duell. Was folgt, ist Effis Leidensweg; und der hat sicher viel zur emotionalen Wirkung des Romans beigetragen. Wer fühlte nicht mit der jungen Frau, die von denen, die ihr nicht erlaubt haben, sie selbst zu werden, derart grausam für etwas bestraft wird, das sie nicht wirklich begangen hat? Angesichts ihres Schicksals kann man von Glück reden, dass man in einer Zeit und an einem Ort lebt, da es halbwegs faire Scheidungsgesetze gibt und wenigstens die meisten Leute einander nicht mehr wegen ihrer sogenannten Ehre totschießen müssen. Man legt dann womöglich den Roman einmal kurz zur Seite und freut sich ausnahmsweise über die bessere Gegenwart.

Aber Vorsicht! Gerade wenn im letzten Teil des Romans die sozialen Verhältnisse die Individuen grausam quälen, kann leicht übersehen werden, dass es auch bei Effis Martyrium nicht nur um die böse Gesellschaft und ihre Regeln, sondern auch um die Haltung des Einzelnen dazu geht. Schauen wir kurz auf Instetten, der hier sein Glanzstück abliefert. Im Grunde ist er ja auch ein aufgeklärter Mensch. Immerhin weiß er, dass er nichts heilt oder repariert, ja nicht einmal etwas verbessert, wenn er Crampas erschießt und Effi verstößt. Und er bemerkt sogar, was schon eine Leistung ist, dass ihn keine Leidenschaft, ja eigentlich überhaupt keine eigene Empfindung zur Bestrafung und Vergeltung antreibt. Um sich zu rächen, ist er viel zu abgeklärt; man könnte auch sagen: gefühllos. Also könnte er die Sache auf sich beruhen lassen. Und das erwägt er sogar.

Aber dann tut er doch wieder, genau wie Effi, was man in solchen Situationen eben so tut, beziehungsweise von dem man glaubt, dass die Leute es von einem erwarten. In Instettens vornehmer Welt bedeutet das: Man muss die Ehefrau verstoßen und sich mit dem

Verführer schießen. Anders gesagt: Wenn man in seiner Brust nur ein Loch fühlt, dann stopft man es mit dem Papier aus Anstandsbüchern und schießt auf andere Leute. Kein Funke Mut zu einem eigenen, selbständigen Wort. Stattdessen die übliche Verbeugung vor den Verhältnissen. Das ist so gleichermaßen lau wie brutal – man möchte Instetten in die schwärzeste Hölle für literarische Figuren wünschen. Doch da befindet er sich bereits, denn er weiß ja selbst am allerbesten, was er da tut. Tatsächlich unterwirft er sich den Regeln, ohne sie als richtig und sinnvoll zu akzeptieren. Er handelt barbarisch, ohne an den Götzen zu glauben, der ihm sein Handeln diktiert. Und eben dies zu wissen, macht einen Menschen nicht bloß unglücklich; es lässt ihn sich selbst zum Ekel werden. Wir müssen daher als Leser gar nicht über Instetten richten. Wenn Fontane ihn weiterleben lässt, bedeutet das bereits die Höchststrafe. So überlebt der untote Instetten im Schmerz, während der lebenslustige Crampas schmerzlos stirbt.

Auch Effi darf wenigstens sterben. Und konsequenterweise geht sie sterbend wieder zurück in ihre Kindheit; sie wird wieder eins mit dem, was sie leider immer geblieben ist. Das Haus wird ihr genommen, das Kind und damit die Mutterschaft; das Kindermädchen ist jetzt endgültig nur noch ihres, der brave Hund wacht vor dem Gefängnis ihres Kindseins. Am Schluss ist sie sogar wieder am Ort ihrer Kindheit, im Elternhaus. Und dort genießt sie wieder die kindliche Freiheit von allen Aufgaben und Verantwortungen. Am Ende geht sie nur noch mit dem Hund spazieren und zählt dabei die Ziehbrunnen und die Tröge für das Vieh. Alles lässt sie hinter sich, sie altert rückwärts, sie löst sich auf. Ihre letzten Worte könnte man als die einer Heiligen auffassen, da sie sich scheinbar mit allem und jedem versöhnen will.

Ich lese das allerdings ein wenig anders. Am Ende des schmerzhaften Weges zurück durch die Kindheit erlebt Effi einen Moment der Hellsichtigkeit, in dem sie erkennt, dass auch so eine wie sie hätte gerettet werden können. Wenn sie nämlich auf dem Sterbebett ihren Ex-Gemahl Instetten »edel« nennt, dann allerdings »so edel, wie jemand sein kann, der ohne rechte Liebe ist«. Ich bleibe allerdings streng mit unserer Effi; und deshalb setze ich hinzu: Auch sie selbst hätte nur so glücklich werden können wie jemand, der ohne rechte Liebe ist. Was genau man freilich ohne Liebe ist, das hat schon der Apostel Paulus gesagt: Man ist reinweg nichts.

Und damit zu Cécile. Ebenfalls mit einem wesentlich älteren Mann verheiratet, zieht sie genau wie Effi in das Gefängnis einer solch unfreiwilligen Ehe. Bei ihr ist es allerdings ein doppeltes Gefängnis, denn der Herr Arnaud lebt seit dem Duell und seiner Kündigung in einer Art luxuriösem Privatexil, gewissermaßen in einer inneren Emigration. Von seinen ehemaligen Standesgenossen wird er wegen seiner Ehe mit einer Ex-Prostituierten geschnitten; also meidet er die Öffentlichkeit. Wenn er sich nicht gerade beim Glücksspiel betäubt, umgibt er sich mit allerhand Gestalten, die wie er selbst mit den herrschenden Verhältnissen in Konflikt stehen. An deren Spitze agiert ein Beamter, der seinen Karriereknick nicht verwunden hat. Im gemeinsamen Lästern, zum Beispiel gegen die aktuelle Politik, suchen die Mitglieder dieser Notgemeinschaft einen Ersatz für die Anerkennung, die sie verloren haben und nach der sie sich so sehnen. Andere kommen zu Besuch bei Arnauds, weil sie bewirtet werden, und sie werden bewirtet, weil sie kommen. Dieser Kreis, zu dem auch Frauen gehören, hat Arnauds skandalöse Ehe schweigend abgesegnet. Man duldet sie und ihn, weil und solange man davon ein wenig profitiert. Oder anders gesagt: Die Verhältnisse im Hause Arnaud sind denen, die Cécile bei ihren ersten Besitzern erlebt hat, gar nicht so unähnlich.

Sie selbst nun sucht in dieser künstlichen Gesellschaft zu überleben wie eine empfindliche Pflanze im Treibhaus. Die Maxime lautet: nur kein Kontakt, keine Berührungen, keine Bewegungen. Wie Effi, und noch stärker als die, will sie es allen recht machen. Aber sie ist nun mal leider jemand, den man künstlich unwissend gehalten hat. Also tut sie schließlich wieder nur das, was sie gelernt hat und was ihr auch als einziges ein wenig Spaß macht: Sie sieht gut aus und spielt die attraktive, wenngleich stumme Figur im Spiel derer, denen sie jetzt auf Gedeih oder Verderb gehört. Ihr Mann unterstützt sie in diesem Spiel. Das sieht manchmal ritterlich oder rührend aus; aber letztlich behandelt er sie ähnlich wie Instetten Effi. Auch Arnaud geht es vor allem darum, Konflikte zu vermeiden. Was nicht ausgesprochen wird, existiert nicht, so lautet die Parole.

Mag sein, dass Arnaud damals eine gute Figur gemacht hat, als er Cécile nach dem Einspruch seiner Kollegen und trotz ihres Vorlebens nicht einfach fallen ließ. Aber es ist sonnenklar, dass er es nicht aus Liebe zu ihr tat, sondern aus Stolz, ja aus Eitelkeit. Durchdrungen von seinem soldatischen Selbstverständnis, vor keinem Gegner zurückzuweichen und auf jeden Fall Haltung zu bewahren, hat er seine Kollegen zu Feinden erklärt, als sie ihm in die Quere kamen. Folgerichtig führt sein letzter Sieg zu seiner weitgehenden Isolation. Außerdem hat ihn dieser letzte starke Auftritt müde gemacht. Als Arnaud und Cécile zur Erholung in den Harz fahren, wirkt er dabei wie eine steife Marionette, die eine zerbrechliche Glasfigur transportieren soll.

Der Crampas im Roman um Cécile heißt Gordon und wirkt auf den ersten Blick ganz anders als der Luftikus aus der Provinz. Gordon ist ein Mann der Technik, er ist viel herumgekommen, ein durchaus selbständiger Geist. Da zudem das Geschehen die allermeiste Zeit aus seiner Warte geschildert wird, erscheint er dem Leser besonders zu Beginn geradezu als Vertrauensperson. Doch kaum begegnet er den Arnauds in einem Kurhotel, büßt er seine Selbständigkeit auch schon ein. Denn als er sich in Cécile verliebt, ist das gewissermaßen ein automatischer Reflex, den sie, die gelernte Schöne, bei anderen auslöst. Sie kann gar nicht anders, und also der Herr Gordon wohl auch nicht. Dass sie so seltsam ungreifbar und entrückt erscheint, zieht ihn nur besonders an. Es sind die alten Tricks, die am besten wirken. Auch als der verliebte Gordon erkennt, dass hinter Céciles Naivität mangelnde Bildung, wenn nicht gar Dummheit steckten, schreckt ihn das nicht sonderlich ab.

Nun handelt es sich bei Cécile ja um eine kalkulierte, gewissermaßen strategische Dummheit; doch das kann Gordon nicht wissen, geschweige denn verstehen. Gerade indem Cécile nirgendwo so recht mitreden kann, bringt sie sich vor den Gefahren in Sicherheit, in die man geraten könnte, wenn man Konversation macht oder gar irgendetwas Substanzielles sagt. So attraktiv sie auch sein mag, ist sie doch nirgendwo wirklich anwesend, und am wenigsten in den Herzen ihrer Mitmenschen. Das, so glaubt und hofft sie, ist die Methode, in ihrem persönlichen Treibhaus zu überleben. Vielleicht gar keine so schlechte Idee. Als Gordon überraschend aus dem Kurort an eine Arbeitsstelle gerufen wird, verblasst auch tatsächlich Céciles Attraktion. Sie ist eben eine Puppe, die bloß in ihrer äußeren Erscheinung existiert. Sieht man sie nicht vor sich, so gibt es sie nicht. Beinahe wäre alles noch einmal gut ausgegangen. Aber dies hier ist ein Roman, und da geht gar nichts gut aus.

Denn Gordon sieht Cécile in Berlin wieder, und Arnaud nimmt ihn kurzerhand in seinen komischen Operetten-Hofstaat auf. Hier könnte der Herr Ingenieur jetzt den modernen Mann von Welt und den mucksmäuschenstillen Verehrer der Dame des Hauses spielen.

Zumindest die erste Rolle ist noch frei. Aber es kommt leider anders. Von seiner Schwester erfährt Gordon und mit ihm der Leser erst sehr spät von Céciles Vorgeschichte, so spät wie Instetten von Effis Affäre. Und nun geschieht, was den Leser zutiefst schockieren muss; mich jedenfalls hat es schockiert. Der ziemlich auf- und abgeklärte Herr Ingenieur Gordon reagiert nämlich wie ein Pawlowscher Hund. Kaum weiß er, dass Cécile einmal eine Prostituierte war, macht er sie wieder zu einer, indem er ihr das Recht abspricht, die zurückhaltende und züchtige Ehefrau zu geben. Etwas dreist formuliert: Wenn sie schon einmal von Hand zu Hand gegangen ist, soll sie sich doch jetzt bitte nicht zieren! Was man einmal war, das bleibt man auch. Eine Frau, die sich drei Männern hingegeben hat, muss sich auch dem vierten hingeben. Basta.

Also kommt es fast genau so, wie wir das von ihrer literarischen Schwester Effi schon kennen. Cécile und Gordon haben zwar nicht einmal eine Affäre; doch das rettet sie keineswegs vor der Katastrophe. Arnaud, der in Sachen seiner persönlichen Ehre nur ein Amokläufer im vorübergehenden Ruhestand ist, reicht es schon, dass Gordon Cécile gegenüber einmal aus der Rolle fällt und einen viel zu späten Hausbesuch macht. Wie Instetten Crampas, so fordert er Gordon zum Duell. Zunächst scheint es, als täte er es mit einer ganz anderen inneren Temperatur als der laue Instetten, aber letztlich ist er auch nur dem unterworfen, was er für die Regeln der Gesellschaft hält. Was sein muss, muss sein. Wo kommen wir da hin etc. etc.

Dabei denkt Arnaud einerseits deutlich weniger über sich und sein Handeln nach. Instetten weiß immerhin, dass er alles vernichtet und es eigentlich nicht tun müsste. Andererseits hat Arnaud ein größeres Herz; tatsächlich bietet er Gordon noch im letzten Moment eine Versöhnung an. Doch der Herr Ingenieur will keine Versöhnung. Um sein Weltbild, Abteilung gefallene Frauen und wie man sich ihnen gegenüber verhält, zu schützen, lässt er lieber auf sich schießen, dummerweise von einem Könner in diesem Metier. Gordon stirbt; der überlebende Arnaud flieht vor der Polizei an die Riviera, von wo er seiner Frau brieflich mitteilt, dass dort das Wetter so viel schöner sei und ihr Dienstmädchen Marie – ebenso katholisch wie das von Effi! – immerhin näher an ihrer Religion. Man mag es kaum glauben.

Wenn Arnaud ein Eheleben im zweiten, italienischen Exil plant, so ist das freilich nur die letzte und jämmerlichste Stufe der Verblendung eines Mannes, der an den gesellschaftlichen Regeln festhalten will. Cécile hingegen wird nicht fliehen, sondern sterben, genau wie Effi. Doch während Effi bloß in kalten Nächten dem Tod das Fenster öffnet und ansonsten ruhig auf ihn wartet, beschleunigt Cécile sein Erscheinen, indem sie Gift nimmt. Im Wesentlichen aber haben beide die gleiche Geschichte erlebt. Und deren Quintessenz lautet: Wer hofft, in den Verhältnissen, für die er nicht erzogen und gewappnet wurde, überleben zu können, indem er ein willenloses Kind bleibt, hat keine Chance. Es wird keineswegs alles gut, wenn man stillhält, wenn man sich treiben lässt, wenn man das tut, von dem man glaubt, dass die anderen es von einem erwarten.

Es ist bezeichnend, dass Cécile bei ihrem letzten Treffen zu Gordon sagt, was sie aus der Katastrophe ihrer Verheiratung gelernt zu haben glaubt: Man müsse seine »Pflicht« tun, um darauf hoffen zu dürfen, dass die Gesellschaft einen wieder aufnehme. Doch die Hoffnung hat getrogen – und nicht nur in diesem Einzelfall. Sie trügt immer. So ein netter kleiner Plan zur Wiedereingliederung in die allgemeine Wohlanständigkeit geht niemals auf. Auch tausend Akte der erzwungenen Anpassung ergeben kein Gramm Normalität oder Selbstverständlichkeit. Nach allem, was Cécile geschehen ist, hätte es eines großen Aktes der Befreiung bedurft. Ich erinnere daran, wie Leo Poggenpuhl so etwas zumindest einmal in Betracht zog: Ab nach Afrika! Oder in die Schauspielerei! Auch andere Figuren bei Fontane spielen mit der Idee der großen Verwandlung. Cécile aber ist ein Besitz geblieben. Sie hat sich an die Seite eines Mannes stellen lassen, der für sie viel verliert, ohne es ihr zu opfern. Als dieser Besitz in Gefahr scheint, muss der Besitzer wieder töten. Und diesmal trifft er alle!

Rührend einerseits, dann aber auch klug, wenn Cécile in ihrem Abschiedsbrief verfügt, in der Nähe ihrer ersten Besitzer bestattet zu werden. Wie Effi, die genau dort begraben wird, wo wir sie kennenlernten, im Garten ihres Elternhauses, kehrt auch Cécile an den Platz zurück, den sie nie wirklich hat verlassen können. So sind sie beide auch nach dem Tode noch einander ähnlich, höchst sprechende und bewegende Beispiele für das, was einem Menschen zwangsläufig widerfährt, wenn es ihm nicht gelingt herauszufinden, wer er ist und was er will.

Eine letzte Parallele zwischen den beiden Romanen möchte ich noch kurz erwähnen. In beiden erscheint im Umkreis der Hauptfiguren so etwas wie eine, in aller Vorsicht sage ich: emanzipierte Frau. So lernt Effi bei ihrem komischen Freund Gieshübler die etwa dreißigjährige Sängerin Marietta Trippelli kennen, übrigens eine geborene Trippel und außerdem Pfarrerstochter. Deren Lebenswandel ist mehr als bedenklich, so hat sie unter anderem einen reichen Russen als Gönner oder als Freund; so genau weiß man das nicht. Aber ihr Auftreten, das ein permanenter Auftritt ist, lässt es gar nicht zu, sie irgendwo in den gesellschaftlichen Verhältnissen festzumachen und damit zu verurteilen. Die gewesene Pfarrerstochter hat sich als »die Trippelli« mit Hilfe ihrer Kunst und mehr noch ihrer burschikosen Umgangsformen einen Sonderstatus zugelegt, in dem sie für all die angepassten Normalos nicht mehr kritisierbar ist.

Dasselbe gilt für die Malerin Rosa Hexel, die dem kleinen Kreis um die Arnauds angehört. Wie die Trippelli hat auch sie die Gunst des Publikums fest im Blick; sie hat sich auf gut verkäufliche Tierbilder kapriziert. Aber diese ökonomisch kluge Unterwerfung unter einen künstlerischen Mainstream macht auch sie frei dazu, ansonsten ihr eigenes und übrigens selbst finanziertes Leben zu leben. Wie die Trippelli, und ganz im Gegensatz zu Cécile, ist sie sehr beredt, eine der vielen Fontaneschen Figuren, die den Plauderton souverän nutzen, um darin allerlei Unaussprechliches und natürlich vor allem sich selbst straffrei auszusprechen.

Der Haken? Ist vorhanden. Einen Ehemann finden solche Frauen nicht. Selbst der scheinbar so weltkundige Ingenieur Gordon ist viel zu sehr auf das Musterweibchen oder Weibchenmuster Cécile fixiert, um begreifen zu können, dass Rosa Hexel eine Option für ihn sein könnte. Frauen wie Rosa sind für Männer wie ihn bestenfalls amüsante Gesellschaft. Mir scheint aber, dass beide, die Hexel wie die Trippelli, nicht allzu sehr unter ihrem Ohne-Mann-Bleiben leiden. Denn solange die Männer bloß eine seelenlose Verkörperung der gesellschaftlichen Regeln sind, lebt es sich wahrscheinlich um einiges besser ohne sie.

Stine und Lene
oder: die »natürlichen Konsequenzen«

Ganz ähnlich wie Effi und Cécile sind auch Stine und Lene Schwestern, was ihren Charakter und ihre Geschichte angeht. Wie Effi und Cécile erleben auch sie das Scheitern von Beziehungen, allerdings sind es diesmal nicht misslingende Ehen, sondern Liebesbeziehungen außerhalb dessen, was die Gesellschaft toleriert. Ich drücke das ein bisschen umständlich aus. Die Zeitgenossen taten das nicht, wenn sie *Irrungen, Wirrungen* ganz offen eine »Hurengeschichte« nannten.

Beide Hauptfiguren sind diesmal junge Frauen aus dem einfachen Volk. Und beiden geschieht, was Frauen wie sie sich erträumen, was mancher tatsächlich geschehen ist, aber nicht immer das große Glück gebracht hat. Es ist eine alte, einfache Geschichte: Ein Mann aus der besseren Gesellschaft verliebt sich in die kleine Arbeiterin. Dabei geht es hier nicht um die schnelle Affäre, um die schiere sexuelle Ausbeutung der Frau durch den Mann, der Macht über sie hat. Vielmehr ist in den beiden Romanen ganz ernsthaft von Liebe die Rede, auch von Ehe.

Da ist zunächst Stine Rehbein, wohnhaft in Berlin Mitte, Invalidenstraße. Obwohl ihr kleiner Roman kurz nach Lenes *Irrungen, Wirrungen* erscheint, ist sie die ältere der beiden »Schwestern«; Fontanes erste Entwürfe zu dem Text waren schon etliche Jahre vor seiner Veröffentlichung entstanden. Stine ist überhaupt die altmodischere von den beiden. Denn sie hält an einer strengen Sexualmoral fest, obwohl sie sich einen solchen Luxus eigentlich gar nicht leisten kann. Sie ist ein armes, verwaistes Mädchen aus dem städtischen Proletariat, das für seinen Lebensunterhalt hart arbeiten muss. Ihre Aussicht auf einen Mann mit viel Geld oder gar einem Titel ist noch wesentlich kleiner als die auf einen Lottogewinn. Für so einen Mann, sollte man denken, müsste sie eigentlich ihre Seele verkaufen und ihren Körper allemal.

Zudem lebt sie in Verhältnissen, die nicht nur ärmlich, sondern auch nicht so ganz einwandfrei und vorzeigbar sind. Sich selbst hält sie zwar ordentlich, früher hätte man ein Wort wie keusch benutzt. Doch zwei Stockwerke unter ihr im selben Mietshaus wohnt ihre ältere Schwester Pauline Pittelkow, und die hat es nun wirklich faustdick hinter den Ohren. Sie ist eine Witwe von etwa dreißig Jahren mit zwei kleinen Kindern, von denen nur das jüngere von ihrem verstorbenen Mann stammt. Also schon eine Frau mit ziemlich bewegter Vergangenheit! Der frühe Tod ihres Mannes hat sie über die Armutsgrenze geschoben; aber die Pittelkow, eine im fahlen und grauen Berlin geradezu südländisch wirkende Schönheit, hat sich an ihrem beeindruckenden schwarzen Schopf selbst aus dem Schlamassel gezogen, was allerdings nur durch die endgültige Aufgabe aller »Wohlanständigkeit« möglich war. Genauer gesagt: Sie ist die Geliebte eines alten, unverheirateten Mannes mit Geld und Titel. Das hat sich so ergeben, und sie hat einfach nicht nein gesagt. Dabei besteht dieses Verhältnis allerdings nicht aus heimlichen Hausbesuchen des alten Liebhabers über die Hintertreppe. O nein, der Mann finanziert ganz offen den gesamten Pittelkowschen Haushalt, der ihm dafür als Gegenleistung jederzeit auf Zuruf als privater Club zur Verfügung steht.

Die ersten Kapitel des Romans schildern sehr ausführlich einen solchen Clubabend. Es ist natürlich ein Herrenabend mit Damen. Wir lernen dabei eine kleine, in sich geschlossene Welt kennen, in der moralische Verhältnisse herrschen, die ausschließlich von dem bestimmt werden, der das alles bezahlt. Der Finanzier ist in dieser Welt mal der feurige Liebhaber, mal der väterliche Freund und Gönner, zugleich strenger Hausherr und lächerlich-seniler Lüstling, alles in einer Person, wie es ihm gerade passt. Was Pauline Pittelkow und ihre Schwester Stine, vor allem aber die Schauspielerin Wanda Grützmacher für ihn und seine beiden Gäste aufführen, ist gleichermaßen vornehmer Salon, künstlerische Soiree, gemütliches Familientreffen und, ich sage mal: ausschweifender Abend im Nachtclub. Vor allem natürlich letzteres! Wer für seinen Spaß bezahlt, der will ihn auch bekommen.

Stine, die nur aus Loyalität zu ihrer Schwester an dem Abend teilnimmt, ist die Veranstaltung äußerst peinlich. Durch ihre Augen sehen wir den vermögenden Senior, der hier sein Altersparadies gefunden hat, seine frivole Seniorenresidenz. Im Pittelkowschen Wohnzimmer hat er alles so einrichten lassen, wie er es aus seinen gehobenen Kreisen kennt; sogar eine peinlich vornehme Möblierung der Wohnung à la Oberschicht hat er spendiert. Zugleich aber muss er hier auf nichts und niemanden Rücksicht nehmen. Wenn über Kunst und Kultur geredet wird, so kann er offen und ungestraft auf das einzige zielen, was ihn daran wirklich interessiert: die sexuelle Komponente. Der fidele Greis hat sich damit den Traum des Pubertierenden erfüllt: Er darf einen schmutzigen Witz nach dem anderen reißen. Und alle müssen darüber lachen.

Dass Pauline in dieser grotesken und beschämenden Inszenierung ihre Haltung und sogar ihre Würde behält, ist höchst verwunderlich. Tatsächlich ist es eine Gratwanderung. Sie tut, was sie tut, weil es vorläufig ihr und ihren Kindern das schiere Überleben sichert. Es gibt ja kaum Alternativen, und die, die es gibt, wären vermutlich noch viel schlimmer. Pauline weiß, dass ihr Ruf für immer ruiniert ist. Aber gerade deshalb hält sie, so ihre eigenen Worte: »Ordnung«. Darunter versteht sie allerdings, dass sie sich selbst nichts vormachen darf. Die Dinge sind, wie sie sind: Sie ist mit dem alten Lüstling einen Vertrag eingegangen, und den erfüllt sie nun. Basta. So eine handgestrickte Lebenslüge von der Wohlanständigkeit wie die, an die Cécile gerne glauben möchte, die will sie nicht und die braucht sie nicht. Was sie im psychologischen Sinne überleben lässt, ist Ehrlichkeit sich selbst gegenüber. Sie weiß genau, was sie tut: Letzten Endes ist es nichts anderes als

Prostitution. Und es gefällt ihr nicht; lieber hätte sie ihren schlichten Ehemann behalten. Aber da sie die Gelegenheit nun einmal wahrgenommen hat, will sie sich auch nicht zieren. Das wäre bloß Heuchelei und würde alles noch schlimmer machen.

Man möchte eigentlich viel mehr von der Witwe Pittelkow und ihrer erstaunlichen Moralauffassung erfahren. Fontane selbst hat sie einmal scherzhaft über die eigentliche Hauptfigur des Romans gestellt. Tatsächlich wirkt die stille Stine neben ihrer agilen Schwester noch ein wenig blasser und kränklicher, als sie sowieso schon ist. Aber es geht hier um sie, und die Pittelkow bekommt nur deswegen so viel Raum, weil sie ihrer Schwester in zweifacher Hinsicht als Beispiel und Vorbild dient. Zunächst, weil sich an ihr beobachten lässt, wie verdammt schwierig es ist, als arme Frau zurechtzukommen. Und dann, weil Paulines Leben zeigt, dass die richtige Einschätzung der Verhältnisse eine notwendige Voraussetzung für das Überleben ist. Wer sich was vormacht, der scheitert.

Und dieses Motto wird Stine bald schon beherzigen müssen. Der von seinem Onkel in den Salon der Witwe Pittelkow eingeführte Waldemar, natürlich auch so ein Herr aus besserem Hause, verliebt sich nämlich auf Anhieb in das zurückhaltende Mädchen. Wahrscheinlich hat ihn die Loyalität beeindruckt, mit der sie ihre Schwester unterstützt, obwohl ihr das mehr als peinlich ist. Schon bald besucht er Stine in ihrem Zimmerchen unterm Dach. Ihre gemeinsamen Abende vor dem Fenster zum Park werden für ihn, was der Pittelkowsche Salon zwei Stockwerke tiefer für seinen Onkel ist: ein Ort der Freiheit. Nur dass seine Freiheit nicht darin besteht, sich nach Laune und vor allem nach Lust auszutoben. Die Freiheit, die Waldemar meint, soll vielmehr darin bestehen, sich aus seinen steifen gesellschaftlichen Verhältnissen gänzlich loszusagen. Waldemar will keine erotischen Opern und keine frivolen Lieder, vielmehr sehnt er sich nach dem Schlichten und Wahrhaftigen, und das soll Stine für ihn verkörpern. Schließlich, man höre und staune, macht der vermögende junge Mann aus besten Kreisen der Arbeiterin Ernestine Rehbein einen Heiratsantrag.

Donnerwetter! Sieht man da irgendeine Revolution als roten Streifen am Morgenhimmel? Die gesellschaftlichen Schranken abgebaut, freie Herzensbindung statt geplanter Geldheirat, lauter freie Individuen, die ihren wahren Gefühlen nachgehen?

Leider nein, denn es gibt da eine Vorgeschichte. Waldemar ist nämlich nicht nur in den Zwängen seiner gesellschaftlichen Herkunft erzogen worden, sondern dazu noch unter dem Regiment einer Stiefmutter, mit der verglichen Luise Briest ein gütiges Mütterlein ist. Aus dieser schlimmen Kindheit ging es gleich in die Kaserne. Sein eigentliches Leben begann dann erst, als er zusammen mit den anderen Jungs in den Krieg ziehen durfte. Hurra! Leider wird im Krieg geschossen, und Waldemar bekam es gleich sehr heftig ab; vielleicht geschah es genau da, wo es auch den Major Poggenpuhl erwischte. Seitdem ist er kränklich. An irgendeine Karriere ist nicht mehr zu denken, weswegen er bei seiner Stiefmutter endgültig unten durch ist. Um sich aus der Schusslinie seiner Familie zu bringen, besichtigt er seit Jahren italienische Kirchen.

Und jetzt begegnet ihm, durch einen ziemlich irren Zufall, Stine, die so ganz andere Schwester der, nun ja, Vergnügungslokal-Chefin seines Onkels. Bei ihr glaubt Waldemar zu finden, was er nie besessen hat und wonach er sich sehnt: nämlich Zufriedenheit mit dem wenigen, was man ist und was man hat. Als Stine ihm von den recht humanen Bedingungen an ihrer Arbeitsstelle und der guten Atmosphäre dort erzählt, ist er zutiefst gerührt. So möchte er auch leben. Also schmiedet er den Plan, Stine zu heiraten, anschließend mit dem Pflichtteil seines Erbes nach Amerika auszuwandern und dort für sich selbst zu sorgen. Großer Mann und kleine Arbeiterin im Wilden Westen. Bitte, warum nicht?

Aber ganz im Ernst: Der Leser darf, ja muss in Zweifel ziehen, ob Waldemar seine Stine um ihrer selbst willen liebt. Vielleicht benutzt er sie auch nur als eine notwendige, ja lebenswichtige Ergänzung seiner beschädigten Person. Seine Krankheit hat ihn unzufrieden mit sich selbst gemacht; und hier könnte Stine womöglich einspringen, gewissermaßen als Vertreterin einer Genügsamkeit, die ihm leider fehlt.

Und noch ein Zweifel: Ist es Stärke, mit der Waldemar seiner Schwäche begegnet? Nun ja. Für seine unerhörten amerikanischen Pläne will er wenigstens eine Art stiller Tolerierung durch seine Familie einholen. Das heißt, er will Revolution machen, möchte aber, dass die Regierenden ihm vorab verzeihen. Ich denke, der Leser bemerkt: Das ist nicht Fisch und nicht Fleisch. So etwas sollte man gar nicht erst versuchen; da macht man sich bloß lächerlich. Und richtig beißt Waldemar schon in einem Sondierungsgespräch mit seinem Onkel auf den Granit von Dünkel und Vorurteil. Was die Verhältnisse anderer angeht, gibt sich der Onkel zwar gerne liberal, aber innerhalb der eigenen Familie ist er geradezu Rassist. Nicht einmal den Überbringer der Botschaft an Waldemars Vater will er machen. Ein Feigling ist er obendrein.

Allerdings hat er jetzt etwas zu tun. Zusammen mit der Witwe Pittelkow, die ja in seinen Diensten steht, will er einen Plan aushecken, wie die nicht standesgemäße Heirat noch verhindert werden könnte. Zu seiner Überraschung ist Stines Schwester gleich auf seiner Seite. Allerdings hat sie dabei ihre ganz eigenen Gründe. Es ist ihr nämlich nicht entgangen, dass Waldemar womöglich gar nicht der Märchenprinz ist, von dem ein armes Mädchen träumt. Geld hat er, das ja. Aber sitzt ihm nicht vielleicht neben den Kugeln auch ein ererbtes Leiden im Körper? Bei diesen alten Familien weiß man ja nie. Sie spricht das Wort nicht aus, aber natürlich meint sie: Die sind degeneriert. Man muss die entsprechende Szene, wie so vieles, unbedingt zweimal lesen! Dort antwortet auf das aristokratisch-rassistische Standesdenken ein plebejisches, das nicht minder rigoros ist. Ihrer Schwester Stine, sagt die Witwe Pittelkow, sei mit dem jungen Schlosser von gegenüber sehr viel besser gedient, kräftig wie er ist. Der hohe Herr Onkel ist daraufhin so perplex, dass er kaum antworten kann. Und einen Moment lang sieht es so aus, als könnten sich zwei ganz verschiedene Vorstellungen von Anstand und Ordnung zu einer Allianz zusammenschließen: Auf der einen Seite will man nur das richtige, also das alte blaue Blut; auf der anderen Seite will man nur gesundes!

Doch zu irgendeiner gemeinschaftlichen Intrige kommt es gar nicht. Es geschieht stattdessen das Unerhörte: Stine selbst lehnt Waldemars Heiratsantrag ab, und zwar postwendend und entschieden. Allerdings tut sie das nicht wie ihre Schwester mit dem Argument, dass er körperlich zu schwach sei für die Ehe und erst recht für irgendwelche amerikanischen Abenteuer. Stine ist viel klüger, und daher setzt sie sehr viel tiefer an. Sie hält es nämlich für ausgeschlossen, dass ein erwachsener Mann aus den Vorstellungen und Regeln heraus kann, mit denen man ihn erzogen hat. Man bleibt, sagt Stine sinngemäß, wozu man gemacht worden ist. People don't change. Und obwohl Waldemar ihr eindringlich schildert, dass man für ihn doch nur Lieblosigkeit und hohles Gerede übrig hatte, lässt sich Stine nicht davon abbringen: Es fehle ihm die innere Kraft dazu, dauerhaft ein anderer zu werden als der, der er selbst nicht mehr sein will.

Ich scheue den Ausdruck für gewöhnlich, aber Stine möchte ich eine tragische Figur nennen. Allerdings ist es eine sehr moderne Tragik. Stines schlimme Aufgabe ist es, einem Menschen zu sagen, dass er zu schwach ist, um den Helden zu spielen. Und wahrscheinlich hat sie damit vollkommen Recht. Ein anderer Mann als Waldemar, ein stärkerer, hätte Stine womöglich davon überzeugen können, dass er imstande ist, sein altes Leben aufzugeben und mit ihr ein neues zu führen. Aber nicht Waldemar. Stine erkennt an ihm, was Cécile an Arnaud nicht erkennen konnte oder wollte, dass nämlich der Retter selbst schwach und unrettbar ist. Wenn Waldemar von seiner lieblosen Kindheit redet, wie man das so gerne vor seinen Geliebten tut, hört sie darin seine Absicht, bloß einen alten Mangel beheben, statt etwas wirklich Neues unternehmen zu wollen. Sie ahnt sehr richtig, dass sie in gewisser Weise auch nur seine Pittelkow werden kann, das heißt ein bloßes Mittel zum Zweck. Bei dem Alten ist der Zweck: das Ausleben einer gesellschaftlich unterdrückten Sexualität. Bei seinem Neffen geht es um eine Art emotionaler Wiedergutmachung. Und genau das muss Stine ausschlagen, obwohl, nein, weil sie Waldemar wirklich liebt.

Tatsächlich ist es also die kleine Arbeiterin, die sich den gesellschaftlichen Verhältnissen gegenüber stark, oder sagen wir besser: einsichtig zeigt. Sie versteht die psychologischen Vorgänge, während Waldemar über seine Enttäuschung und seinen kindlichen Trotz nicht wirklich hinauskommt. Stines ganz moderne Tragik liegt darin, fürs Tragische nicht geeignet zu sein. Sie schlägt eine Ehe aus, die auf den ersten Blick erscheint wie die große Chance ihres Lebens. Aber sie tut es nicht, weil sie die gesellschaftliche Ordnung nicht antasten oder gar verändern will, sondern weil sie weiß, dass Waldemar es nicht kann. Sie sieht es vor sich: Im rauen demokratischen Alltag Amerikas, wo jeder nur nach seiner Leistung beurteilt wird, werden seine großen Versprechungen sich aufreiben. Im Wilden Westen, wo niemand weiß oder wissen will, von welchem Podest er herabgestiegen ist, wird Waldemar scheitern, vor allem an sich selbst.

Und ist das nicht durch und durch modern gedacht? Modern, das heißt: mit einer nüchternen Einsicht in die Macht des Alltäglichen und des Banalen über alles scheinbar Große und Heroische. Stine liebt Waldemar, ja, das tut sie; auf sein Drängen gibt sie es schließlich zu und fällt über dieses Eingeständnis in Ohnmacht. Aber Liebe ist nicht genug! Liebe hätte Effi und vielleicht sogar Cécile noch retten können. Nicht Stine. Sie weiß, dass man ein ganzes Lebensglück nicht auf eine einzige Als-ob-Heldentat gründen kann. Nach der großen Entscheidung für die unstandesgemäße Liebe und gegen Rang und Familie wartet der unendlich langwierige Alltag. Und den kennt Stine nur zu gut, im Gegensatz zu Waldemar, der ein Leben lang dramatisch, aber beschäftigungslos und wohl versorgt gelitten hat. Und auch das hat Stine von der Witwe Pittelkow gelernt: Nur der wird den Alltag überleben, der möglichst wenig große Worte über große Taten macht.

Große Taten aber sind das, wonach sich Waldemar, der nur einmal ganz kurz ein Held war, als man ihn vom Pferd schoss, noch immer unglücklich sehnt. Nach Stines Nein, das ihn zutiefst überrascht und vollkommen verstört, geht er nach Hause, wo er Selbstmord begeht. Aber selbst der hat nichts Heroisches; vor dem Revolver schreckt Waldemar zurück und nimmt stattdessen all die Schlafmittel, die er während seiner Krankheit gesammelt hat. So erweist sich am Ende sein ganzes Leben als das, was es tatsächlich war: ein tägliches Sparen in kleinen Beträgen auf einen unspektakulären Tod.

Aber, so möchte man als Leser fragen: Liebe Stine, hätte man es nicht wenigstens versuchen sollen? Eine Chance war doch da. Nein, war sie nicht. Man muss nur aufmerksam lesen. Am Ende gibt der Roman Stines Skepsis Recht. Denn Waldemar begeht nicht Selbstmord, weil er mit der Familie und seiner sozialen Herkunft brechen wollte und sich damit gesellschaftlich »unmöglich« gemacht hat. Nein, Waldemar stirbt nicht am Widerstand von oben. Der für ihn letztlich tödliche Widerstand kommt vielmehr »von sehr unerwarteter Seite« her, wie er in seinem letzten Brief an den Onkel schreibt; nämlich von Stine. Dass ein armes Mädchen wie sie so einen wie ihn abweist, war in seiner Weltordnung bislang nicht vorgekommen. Er hatte sich vorstellen können, dass er, ein quasi höheres Wesen, freiwillig von seinem Podest herabsteigt. Aber dass ein einfaches Mädchen ein solches Opfer nicht annimmt, das geht wahrlich über seinen Verstand und versetzt ihm den eigentlich tödlichen Stoß. Letztlich zerbricht er also an der Ordnung und an den Vorurteilen, die er so tapfer überwinden wollte.

Und Stine? Effi hatte sich nach allem, was ihr zugestoßen war, eine Erkältung ins Haus geholt. Stine ereilt sie nach der Beerdigung Waldemars auf dem Stammsitz seiner Familie. Waldemars Onkel will sie in seiner Kutsche mit zum Bahnhof nehmen; vielleicht hat der alte Idiot doch so etwas wie einen Rest von Gewissen. Doch Stine lehnt das ab. Noch lieber würde man sehen, dass sie dem Alten eine knallte. Sie verpasst den Zug und wartet frierend auf dem Bahnsteig. Tot ist sie nicht, als der Roman schließt, aber totgesagt, wenngleich zunächst nur von den missgünstigen und geschwätzigen Nachbarn. Ich glaube, Fontane war sich nicht ganz sicher, ob er sie weiterleben lassen durfte. Sie verkörpert den Alltag, der über das falsche Heldentum eines Waldemar siegt. Kann man sie einen solchen Sieg mit dem Tod bezahlen, oder besser: besiegeln lassen? Oder wäre es nicht konsequenter, ja richtiger, eine wie Stine am Leben zu halten, komme was da wolle? Ich tendiere zu Letzterem.

In *Irrungen, Wirrungen*, der Schwestergeschichte zu *Stine*, hat Fontane diese Frage viel deutlicher beantwortet. Hier wird überhaupt nicht mehr gestorben, doch gerade das ist es, was die Katastrophe perfekt macht. Aber ich will nicht vorgreifen.

Zunächst zum Personal, das wir gewissermaßen schon kennen. Wir müssen dazu von der Invalidenstraße hinüber in den Neuen Westen, zum Kurfürstendamm, wo die Neubauten noch ganz ländliche Bereiche umschließen, darunter die Gärtnerei Dörr. Hier lebt Stines »Schwester« Magdalene Nimptsch, die Lene gerufen wird, ebenfalls in der Textilbranche arbeitet und ebenfalls blond, wenngleich eher aschblond ist. Auch sie hat kaum Familie, nur eine alte und etwas debile Stiefmutter, um die sie sich rührend kümmert. Die Rolle der Witwe Pittelkow wird hier von der Frau Dörr gespielt; die hat ein ähnlich heikles Vorleben, ist jetzt aber außer Diensten und mit dem kauzigen und kreuzbraven Gärtnereibesitzer verheiratet.

Waldemar von Haldern ist zu Botho von Rienäcker geworden und hat dabei teils gewonnen, teils verloren. Denn während Waldemar kränklich und vermögend war, ist Botho kerngesund, aber leider komplett überschuldet. Ansonsten überwiegen allerdings die Ähnlichkeiten zwischen den beiden, zumindest im ersten Teil von *Irrungen, Wirrungen*. So gehören sie beide den besseren Kreisen an, und beide haben sie einen Onkel, der peinlich genau auf die Einhaltung der Standesregeln achtet, vor allem aber darauf, dass Geld und Besitz in der Familie bleiben. Genau wie Waldemar missfallen auch Botho die Verhältnisse, in denen er gefangen ist. Während jedoch Waldemar nicht kann, wie er soll, will Botho nicht so recht. Die ganze Herrlichkeit ist ihm ein bisschen eng und öde. Immer dieselben Leute, immer dieselben Themen, das ganze oberflächliche Party-Gequatsche über nichts und wieder nichts von Bedeutung. Klar, man tut bei allem mit. Es gibt ja auch keine Alternative, oder?

Doch, die gibt es. Als er während einer Flussfahrt ihr Boot vor einem Dampfschiff rettet, lernt Botho Lene kennen. Und er verliebt sich sofort in sie, vor allem, weil sie »ohne alle Redensarten« ist. Was sie sagt und tut, hebt sich angenehm vom üblichen Gerede und Getue in seinen Kreisen ab. Wir bekommen das genauestens vorgeführt. Der Eingangsszene im Wohnzimmer von Pauline Pittelkow korrespondiert in *Irrungen, Wirrungen* die erste Szene in Lenes und ihrer Stiefmutter Stube. Allerdings handelt es sich hier um eine seitenverkehrte Spiegelung. Auf der Invalidenstraße hatte der Geldgeber das von ihm abhängige Personal aus den niederen Schichten wie eine »feine Gesellschaft« agieren lassen. Umgekehrt erfreut sich Botho an der Einfachheit der Verhältnisse und der Schlichtheit der Gäste im kleinen Haus neben der Gärtnerei.

Bei aller Ähnlichkeit darf ein Unterschied nicht übersehen werden: Waldemar war ein Benachteiligter, ein Gezeichneter, als er sich in Stine verliebte. Botho ist das nun wirklich nicht. Er ist Soldat und hat Soldatenfreunde, er ist in seine Kreise integriert, eine unstandesgemäße Heirat würde ihn nicht bloß Geld, sondern auch die Karriere kosten. Seine ablehnende Haltung gegenüber den Spielregeln und Zwängen seiner Kreise hat er offenbar in Freiheit gewonnen. Und genau das macht ihn auch besonders sympathisch. Mir ist er, offen gestanden, von allen männlichen Hauptfiguren der acht Romane der mit Abstand liebste, auch, nein, gerade wegen seiner Selbsttäuschungen.

Überhaupt ist mir *Irrungen, Wirrungen* von allen Romanen Fontanes am meisten ans Herz gewachsen. Damit geht es mir wie vielen Lesern. Allerdings muss ich bezweifeln, ob meine und ihre Zuneigung dem gleichen Gegenstand gelten. Denn genau wie Botho von Rienäcker haben sich seit Erscheinen des Romans die allermeisten Leser in Lene verguckt, in die kleine Arbeiterin, die sich mit so bewundernswürdiger Gelassenheit und Lebensklugheit in das Scheitern einer ungleichen und also unmöglichen Liebesbeziehung ergibt. Auch ich mag Lene; aber viel mehr mag ich den Roman. Denn der erzählt nicht bloß von einem sentimentalen Verzicht. Vielmehr handelt er davon, wie moderne Menschen so ticken, wenn es ums Lebensglück geht. Ich will versuchen, das zu erläutern.

Lene ist die etwas leichtlebigere »Schwester« Stines. Die Liebesbeziehung zu Botho ist nicht ihr erstes Verhältnis. Den ominösen Unschuldstitel, den Stine sich noch bewahrt hat und hinter dem sie Schutz sucht, hat Lene abgelegt. Die Grenze zur Prostitution aber überschreitet sie nicht, wie etwa Pauline Pittelkow und die Frau Dörr; man findet bei ihr auch keine Spur von Zynismus. Und genau wie Stine ist sie alles andere als naiv. Sie weiß, dass eine Beziehung wie die zu Botho keine Zukunft hat. Anders als Stine aber muss sie keinen ehrbaren Heiratsantrag abweisen, um das zum Ausdruck zu bringen. Es gibt in *Irrungen, Wirrungen* keine derart dramatische Zuspitzung. Lenes Aufgabe ist es nur, zu warten, bis Botho wegen seiner drückenden Schulden die Idylle mit seiner Arbeiterin aufgeben und in eine Geldheirat einwilligen muss.

Diese Abberufung in die herrschenden Verhältnisse geschieht ziemlich genau in der Mitte des Romans. Sie löst eine traurige und rührende Trennungsszene aus, die immer wieder zitiert wird, obwohl oder weil sie ein kleines bisschen kitschig wirkt. Dabei schwingt in Lenes traurig-schönen Sätzen über den unvermeidlichen Verlust bereits ein ganz modernes Lebensgefühl mit. Die Art und Weise, wie sie ihren Verzicht akzeptiert und darüber redet, wird später Schule machen: Dass es jetzt zu Ende ist, sagt sie sinngemäß, sei schon traurig. Aber wie es war, war es schön. Und dass es einmal schön war, das könne ihr keiner mehr nehmen. Hat das nicht schon etwas Hippiehaftes? Heute muss man nur den Fernseher anschalten und in irgendeine Soap zappen, dann wird man dergleichen umgehend hören.

Nun, und wenn die Erinnerung an das Schöne etwas Schönes ist, quasi an und für sich, dann muss auch nichts Schlimmes passieren, wenn man nicht so ganz freiwillig auseinander geht. Man hat ja noch die Erinnerung. Und das scheint tatsächlich zu funktionieren. Die große Liebe zwischen Botho und Lene zerbricht zwar an den Verhältnissen, aber niemand schießt sich eine Kugel durch den Kopf, nimmt Gift oder geht ins Wasser. Lene versichert dem etwas besorgten Botho, keine Magdalena zu sein, also nicht die Hauptfigur aus Friedrich Hebbels gleichnamigem Theaterstück, die sich ermordet, weil sie ihre Ehre verloren hat. Nein, Lene lebt weiter, und das schont die Nerven aller Beteiligten; insbesondere beruhigt es das schlechte Gewissen des jungen Herrn aus den oberen Schichten. »Wenn man schön geträumt hat, so muss man Gott dafür danken und darf nicht klagen, dass der Traum aufhört und die Wirklichkeit wieder anfängt«, sagt Lene mit einer perfekten Mischung aus träumerischer Sentimentalität und gesundem Menschenverstand. Worauf Botho das Geschenk einer gütlichen Trennung dankbar annimmt, sehr erleichtert und auch ein bisschen verblüfft. Er hatte wohl mit mehr Drama gerechnet.

Wie gesagt, eine traurige und zugleich sehr moderne Szene. Was Lene sagt, als Botho ihren Traum beendet, klingt bis heute gut. Ach, denkt womöglich der Leser, so ist es doch am besten. Wie schön wäre es, wenn alle Geliebten, von denen man sich trennen muss oder möchte, genau wie diese Lene wären. Und auch man selbst sollte vielleicht mehr für den schönen Augenblick leben, die Erinnerungen sammeln und sie möglichst nicht von der bösen Gegenwart beschädigen lassen. Bitte weniger Ansprüche an das Gegenüber, nicht dieses Klammern und Sich-Verbeißen. Man muss auch mal loslassen können, ohne sich und andere zu zerreißen. Und so weiter und so weiter.

Ich werde einmal persönlich. Mir waren solch locker-weiche Gefühlsparolen, mit denen ich in den spät-hippiemäßigen siebziger Jahren großgeworden bin, immer schon suspekt. Und vielleicht habe ich mich deshalb nie so recht eingelassen auf Lenes Trennungssätze, auch wenn sie das Paar, das keines werden darf, zumindest am Leben halten. Nein, bei jeder erneuten Lektüre von *Irrungen, Wirrungen* bin ich mir sicherer geworden, dass der Roman meiner skeptischen Sicht auf Lenes Entsagungskonzept schlussendlich vollkommen recht gibt.

Und tatsächlich: Nachdem, anders als in *Stine*, das tragische Ende geflissentlich umgangen ist, geschieht in

Irrungen, Wirrungen das eigentlich Unerhörte: Der Roman geht einfach weiter! Man muss sich das vorstellen: Da ist alles zum großen tragischen Finale vorbereitet, die Brunnen stehen offen, die Pistolen sind geladen. Doch die Figuren sagen einander bloß »Tschüss«, und dann folgt nicht bloß ein Stückchen Abschiedstext, nein, es beginnt ein neuer Roman. Und noch genauer: Es beginnt eine neue Art von Roman! Tatsächlich legt *Irrungen, Wirrungen* noch einmal die bisherige Erzählstrecke zurück – und das, wie schon die Zeitgenossen bemerkten, ohne zu etwas zu gelangen, das man ein Ende nennen könnte. Es geht halt nur weiter. Und weiter. Und weiter. Und gerade das ist unerhört!

Einmal angenommen, Stine und Waldemar hätten doch geheiratet, halb überzeugt vom gemeinsamen Lebensplan, wären ausgewandert, hätten sich wieder scheiden lassen, neue Jobs gefunden, neue Partner, neue Lebensziele und so weiter und so weiter. Nein, das ist ganz undenkbar. Nicht Stine und Waldemar! Die waren von vornherein Kandidaten für ein baldiges, trauriges Ende; und das bekamen sie auch. Aber jetzt sind wir offenbar einen entscheidenden Schritt weiter. Wir sind ganz im Alltag angekommen. Und in diesem Alltag gibt es keine einfachen, wenngleich oft tödlichen Lösungen, sondern in der Hauptsache eben genau dies: Irrungen und Wirrungen. Und davon unabsehbar viel.

Das Ausbleiben des Dramas ist nun ganz und gar kein literarischer Fehler, im Gegenteil. Ich glaube, man kann Fontanes Kunstgriff gar nicht hoch genug schätzen. Hier wird Literaturgeschichte geschrieben. Denn erst in seinem zweiten Teil, als das Verhältnis zwischen Lene und Botho bereits ohne alle Tragik geendet ist, kommt der Roman zu seinem eigentlichen Thema. Und das ist ein unspektakuläres, aber bedeutendes, ja, eines der ganz großen Themen der Gegenwart; es lautet: Wie lebt man eigentlich weiter, wenn man den schieren Lebenswillen über alle Werte und Instanzen siegen lässt? Schillers gern zitiertes Wort lautet: »Das Leben ist der Güter höchstes nicht.« Dem kann man durchaus widersprechen! Aber was geschieht, wenn man das bloße Überleben für das höchste Gut hält? Wie lebt man dann?

Die Antwort des Romans lautet: Na ja, so lala. Mal so, mal so. Wie es halt so geht etc. Doch dieses Halbe, Unentschiedene, schier Alltägliche und tendenziell Banale weiß Fontane auf eine ungemein beeindruckende, wenn nicht gar überwältigende Art und Weise darzustellen. Klappern wir kurz die neuen Haushalte ab. Botho heiratet seine Kusine Käthe, eine flachsblonde und überhaupt ganz entzückende, aber »dalberige«, also alberne Frau, eine süße kleine Maschine, die permanent Konversation macht, über dies und das plaudert, nur nicht zu lange über ein Thema und bloß nicht ernsthaft. Ich stelle sie mir vor wie das Tagesprogramm gewisser Radiosender, in denen das schiere Geplauder herrscht. Käthes Gequassel erfüllt allerdings auch einen wichtigen Zweck. Es überredet den Umstand, dass ihr Mann seiner alten Liebe nachhängt und ihre Ehe ungewollt kinderlos bleibt. Geplant war diese

Verbindung zum Erhalt der Familie und ihres Besitzes. Allmählich hat es aber den Anschein, als würde Käthes Erbe für Reisegarderobe und sinnlose Kuraufenthalte draufgehen.

Auch bei Lene geht es eher steril zu. Zuerst stirbt die Stiefmutter mit dem kindlichen Herzen. Dann heiratet Lene einen gewissen Gideon Franke, einen wesentlich älteren Mann, der gleichermaßen kühler Techniker und schwadronierender Sektengründer ist. Zu aller Entsetzen hat sie ihm zwar sofort mitgeteilt, dass sie nicht mehr das ganz und gar unschuldige Mädchen ist, aber Franke besitzt eine Art Privatreligion, in der er allein bestimmen kann, was man fürs Seelenheil braucht und was nicht. Franke, der Sektenprediger, kann sich seine moralische Welt selbst einrichten, ganz ähnlich wie der Alte in *Stine*.

So wird *Irrungen, Wirrungen* von einem Liebesroman zu einem doppelten Eheroman. Und dessen Ziel ist es, ganz genau zu zeigen, was man bekommt, wenn man zwar die gesellschaftlichen Verhältnisse nicht mehr so recht akzeptiert und sich an die gängigen Regeln nicht mehr halten mag, dabei aber im Interesse des Weiterlebens auch keine Revolte dagegen wagt. Man bekommt: seine »Ordnung«. Das Wort fällt immer wieder, noch viel häufiger als in *Stine*, und der Leser begreift bald, dass es hier nur ein Deckwort ist, mit dem die Figuren das bezeichnen, was sie gerade opportun finden. Ordnung halten, das heißt in Wahrheit: überleben. Wie auch immer. Nicht in den Brunnen, nicht in die Pleite, nicht in den Zweifel – das ist Ordnung.

Natürlich sind es in *Irrungen, Wirrungen* wieder die Männer, die diese »Ordnung« durchsetzen. Aber wenn Botho sich für Käthe und gegen Lene entscheidet, ist er, ähnlich wie Geert von Instetten, weit davon entfernt, die herrschenden Verhältnisse als wahrhaft gut und richtig und also verbindlich zu akzeptieren. O nein! Denn erstens gibt er einem schlicht ökonomischen Druck nach. Ohne die Heirat wäre er Pleite gegangen. Und zweitens fürchtet er nicht die Schuld, die er auf sich laden würde, wenn er sich gegen die Ordnung auflehnte. Er hat vielmehr Angst, nicht mehr ruhig schlafen zu können. Es geht ihm um seinen kleinen, alltäglichen Seelenfrieden. Als Revolutionär hätte er dauernd schwere Gedanken zu wälzen. Und das will er nicht, davon rät er auch einem Kollegen ab, der vor einer ähnlichen Entscheidung steht. Ordnung ist für Botho keine Vorstellung vom gelingenden großen Ganzen mehr. Ordnung zu halten, das bedeutet für ihn, den innerlich unsicheren, weil auf keine echte Überzeugung gegründeten Alltag möglichst unbeschadet zu bestehen.

Aber Vorsicht, wir sind in einem Roman, da wird ein solches Klein-Klein der Seele schwer bestraft. Bothos Strafe heißt Käthe, ist wie gesagt »reizend« und wird von allen hemmungslos angeschwärmt. Aber sie wird durch ihre Kinderlosigkeit, an der nach meiner festen Überzeugung keine noch so teure Kur etwas ändern wird, nicht nur die Rienäckers aussterben lassen. Sie macht auch Botho den Rest seines Lebens zur Hölle, indem sie alles irgendwie komisch findet. Käthe mag, aus sicherer Entfernung betrachtet, wie eine harmlose Person wirken, aber Fontane hat sie als eine Rachegöttin in Bothos Leben geschickt. Botho ist noch zu Reflexion und Selbstkritik fähig, doch die zerplatzen an Käthes gleichermaßen spitzer wie watteweicher Oberflächlichkeit. Seine Ernsthaftigkeit, die ihn nicht vergessen lässt, was er gefühlt und was er getan hat, wird in Käthes Quasselmaschinchen zerschreddert und zerrieben. Was ihm bleibt, ist eine leichte Depression, mit der er leben muss. Und leben kann.

Lene geht es nicht viel besser. Mit Gideon Franke bekommt sie zwar einen Mann, der über ihren »Makel« hinwegsieht und ihr eine kleinbürgerliche Reputation zurückgibt. Doch die beiden passen so gar nicht zueinander. Franke ist natürlich zu alt, ebenso wie Instetten und St. Arnaud. Aber wichtiger noch: Er ist wie Käthe ein Schwätzer, wenngleich kein alberner, sondern ein frömmlerischer. Niemals wird er zu schätzen wissen, was Botho an Lene so anzog: ihre Schlichtheit im Reden. Die hat Franke zwar auch bemerkt, aber er presst Lenes Charakter sogleich in das Korsett seiner aus Amerika importierten Privatreligion, die er mit selbst gehäkelten Begriffen wie »Honettität« und »Proppertät« verziert.

Es gibt gegen Ende des Romans eine Szene, die wie eine traurig-komische Persiflage auf das bislang so intensiv praktizierte Einander-Totschießen der Männer wirkt. Franke sucht Botho auf, also den früheren Liebhaber seiner Braut. Oje! Aber keine Sorge, er will dem gemeinen Verführer keins auf die Nase geben, sondern er bittet ihn tatsächlich um ein Charaktergutachten seiner Ex-Geliebten. Woraufhin Botho, statt den komischen Kerl aus dem Haus zu werfen, ihm einen Platz anbietet und das Gewünschte freundlich liefert. Doch wenn man genauer hinschaut, dann sieht man, dass sein Verhalten dem der Duellanten in *Effi Briest* und *Cécile* gar nicht so unähnlich ist. Die hatten, statt selbst zu denken und ihre Gefühle in Taten umzusetzen, bloß das alte Ritual des Aufeinanderschießens vollzogen. Darüber scheint Botho hinweg zu sein. Als ganz moderner Mensch redet er vielmehr offen und vorbehaltlos über ganz Intimes, und das vor einem Fremden. Tatsächlich aber verrät er seine Gefühle ein weiteres Mal an irgendeine »Ordnung«, hier ist es die schräge Ordnung von Frankes selbstgebastelter Religion. Und gerade indem Botho dem bornierten Sektierer seinen Segen zu der Verbindung mit Lene gibt, verrät er seine Geliebte ein weiteres Mal.

Vielleicht ist es Zeit, eine kleine Zwischenbilanz zu ziehen.

Die Schwestern Poggenpuhl waren mit ihrem Aussterben einverstanden, wenn ihnen das wenigstens ihre Identität und ihr Selbstbild erhielt. Gut, Therese war schon zu alt zum Heiraten, aber Sophie hätte mit Leichtigkeit einen Bäckermeister oder den Besitzer einer kleinen Textilfabrik bekommen können, und Manon hätte man womöglich sogar reich verheiraten können. Aber die drei Schwestern bleiben lieber arme Mädchen, als sich auf irgendein gesellschaftliches

Abenteuer einzulassen. Das, was sie glauben, durch ihre Geburt zu sein, wollen sie nicht riskieren, auch wenn die Chance bestände, in einer neuen, anderen Existenz nicht mehr am Hungertuch nagen zu müssen. Nein, lieber stillhalten und nicht bewegen, um das bisschen, was man zu haben glaubt, nicht aufs Spiel zu setzen.

Effi und Cécile müssen sich als ganz junge Frauen gar keine Gedanken darum machen, wer oder was sie sein wollen. Das haben schon ihre Mütter getan; wie Sklavinnen werden sie an alte Männer verkauft. Kein Wunder, dass sie sich schrecklich fühlen. Und es ist auch kein Wunder, dass ihre Versuche, mit ihrem von Anfang an beschädigten Leben zurechtzukommen, scheitern müssen. Dabei hat Cécile es am schwersten von den beiden. Sie muss stillhalten wie die Schwestern Poggenpuhl, um ihre Treibhausexistenz nicht zu gefährden. Ausbrechen kann sie nicht, draußen würde sie eingehen wie ein Kanarienvogel, der seinen Käfig verlassen hat. Doch auch das Stillhalten reicht nicht. Die Männer betrachten sie als Freiwild. Und als sie auch nur ein einziges Mal ein kleines Gefühl zeigt, ist ihr Schicksal besiegelt.

Effi hingegen hätte so ihre Möglichkeiten. Sie ist die geachtete Frau eines bedeutenden Mannes, sie ist Mutter, und in diesem Lebenskreis könnte sie ihre Persönlichkeit entfalten und Wirkung zeigen. Instetten könnte Minister werden, sie wäre dann noch nicht einmal vierzig, könnte in der Hauptstadt ein großes Haus führen und Einfluss ausüben. Eine solche Ministergattin wird im Text übrigens vorgeführt. Aber Effi entscheidet sich dafür, ein Kind zu bleiben, bei nichts mitzutun, das sie langweilig findet, und sich ansonsten treiben zu lassen. Eindrucksvoll zeigt der Roman, wie schlecht das ausgeht.

Mit Stine und Lene sind wir nun einen Schritt weiter gekommen. Die beiden heben an einem bestimmten Punkt ihrer Geschichte die Hand und sagen ihre Meinung. Stine entscheidet sogar über den Lauf der Dinge, indem sie Waldemars Antrag abgelehnt. Und wer weiß, was passiert wäre, wenn Lene den schwachen Botho mit Macht daran erinnert hätte, dass links oben bei ihm ein Herz sitzt. Tut sie aber nicht. Denn einig sind die beiden sich in ihrer Sorge, dass ein Aufbegehren gegen die herrschenden Verhältnisse einfach zu gefährlich ist. Damit mögen sie auch Recht haben. Aber die beiden Romane belehren ihre Hauptfiguren und uns Leser darüber, dass es nicht nur Vorteile hat, wenn man nach einer großen emotionalen Enttäuschung einfach weiterzuleben versucht. Womöglich entgeht man so gar nicht, wie geplant oder erhofft, seinem Schicksal. Jedenfalls berechnen die Romane sehr genau, wie hoch der Preis für dieses Überleben sein kann. Stine reicht womöglich eine Erkältung, um an gebrochenem Herzen zu sterben. Botho wird neben der Quasselstrippe Käthe eine unauffällige kleine Depression ausbrüten. Lene sehe ich schon, wie sie als verhärmte und kinderlose Enddreißigerin in irgendeinem muffigen kleinen Saal sitzt und die krausen Predigten ihres Mannes über sich ergehen lässt. Und beide höre ich denken: Man hätte vielleicht doch.

Corinna und Jenny
oder: vom Glück, das man sich nehmen kann

In *Frau Jenny Treibel* werden wir wieder, wie wir das schon gewohnt sind, in eine überschaubare Zahl von Häusern eingeführt. Hier sind es das des Gymnasiallehrers Schmidt und das des Farben-Fabrikanten und Kommerzienrats Treibel. Zu beiden Häusern gehören neben den Familien auch Freunde, Gäste und Personal, von denen, wie gewohnt, fast alle genauer gezeichnet werden. Nur eines ist diesmal ganz anders. Die Leute aus den alten und einflussreichen Familien bleiben fast vollkommen außen vor, wir haben es stattdessen ausschließlich mit Vertretern des aufstrebenden Bürgertums zu tun.

Dafür scheint der zentrale Konflikt genau der zu sein, den wir schon so gut kennen: Es geht um eine Liebesbeziehung, der private und gesellschaftliche Interessen entgegenstehen. Allerdings trennen die Schranken diesmal nicht die alten oberen Zehntausend vom Rest der Bevölkerung; vielmehr zeigt sich, dass es bereits eine innere Ausdifferenzierung des neuen Mittelstandes gibt, die ebenfalls zu den sattsam bekannten Konflikten führt.

Aber ist das wirklich so? Ist der Roman eine Art »Romeo und Julia in Berlin Mitte«? Schauen wir genauer hin. Corinna, die Tochter des Gymnasiallehrers

Schmidt, hat Kontakt zu den Treibels, die als Fabrik-
besitzer zwar nicht weit weg, aber in einer Villa und
natürlich in ganz anderen finanziellen Verhältnissen
leben. Den Kontakt verdankt sie dem Umstand, dass
die Frau Kommerzienrat Treibel, als sie noch Jenny
Bürstenbinder hieß, von dem jungen Studenten Schmidt
angeschwärmt wurde. Damals war sie die Tochter eines
Ladenbesitzers und Zimmervermieters. Und wenn
auch der arme Schmidt hinter dem vermögenden Treibel zurückstehen musste, genau wie Instetten hinter
Briest, so hegt Jenny doch eine sentimentale Erinnerung an ihre vor-kommerzienrätliche, sprich, an ihre
eher ärmliche Zeit. Den Kontakt zum mittlerweile
verwitweten Schmidt und seiner Tochter hält sie daher
aufrecht. Doch als Corinna sich daran macht, den jüngeren Treibel-Sohn Leopold als Ehemann zu erobern,
ist es mit Jennys sentimentaler Sozialromantik schlag-
artig vorbei. Wie der alte Haldern in *Stine* sucht sie
nach Verbündeten bei dem Versuch, das bereits bestehende Verlöbnis wieder aufzulösen. Jetzt könnte das
Drama folgen! Liebesschwüre, Intrigen, gebrochene
Herzen, das ganze Programm.

Könnte, tut es aber nicht. Genau wie Haldern und
die Pittelkow wird auch Jenny Treibel gar nicht ein-
greifen müssen. Die Verhältnisse richten sich weitgehend von selbst, was insbesondere daran liegt, dass
Leopold ähnlich wie Waldemar ein ganz schwacher
Mensch ist, nicht durch eine Kriegsverletzung, sondern
schon von Geburt. Corinna muss das mit Grausen erkennen, als er absolut nicht imstande ist, seinem mehr

oder minder spontanen Heiratsantrag auch nur die kleinste Tat folgen zu lassen. Sie sieht ihren Fehler ziemlich schnell ein und heiratet den jungen Archäologen Marcell. Was aus Leopold wird, bleibt offen; wahrscheinlich aber ist, dass er mit der Höchststrafe für sein einmaliges eigenmächtiges Handeln belegt und an eine Schwester seiner bis zur Grausamkeit dünkelhaften Schwägerin verheiratet wird.

War's das schon? Ja, das war's schon. In *Stine* stirbt man noch an den Verhältnissen, in *Irrungen, Wirrungen* opfert man ihnen immerhin sein Lebensglück. Am Ende von *Frau Jenny Treibel* aber ist nur der kleine Leopold der Gelackmeierte, und vielleicht ist er nicht einmal das. Corinna möchte man sogar dazu gratulieren, dass ihr Plan, sich ein Stück nach oben zu heiraten, gescheitert ist. Fast ließe sich sagen, der Roman hat etwas rundherum Gemütliches. Die Konflikte mögen aufregend sein, aber sie sind nicht dramatisch; niemandem wird ernsthaft etwas geschehen. Selbst der alte Treibel kommt mit einem blauen Auge davon, als seine höchst peinlichen Versuche, mit großem Geldeinsatz ein politisches Mandat zu »erwerben«, ein desaströses Ende finden. Als Politiker mag sein Ruf ruiniert sein, aber als reicher Unternehmer kann er unbeschadet weiterleben.

Und warum dann ein Roman über diese undramatischen Vorgänge? Eben darum. Die erste große Leistung des Textes ist es, zu zeigen, wie auch in jener eigentlich noch so jungen Bürgerwelt, die kürzlich erst Freiheit und Gleichheit propagiert hat, feine und feinste Ausdifferenzierungen stattfinden. Die Verhältnisse mögen offener und durchlässiger geworden sein, wie zum Beispiel an Jennys »Karriere« zu sehen ist. Im Gegensatz zu Stine und Lene hat sie ihren Märchenprinzen heiraten können, das heißt: Sie hat den Aufstieg vom Kellerladen in die Fabrikantenvilla geschafft.

Aber die Verhältnisse sind dadurch nicht weniger kompliziert, die Scheiternsfallen nicht weniger geworden. Im Gegenteil. Jetzt, da das Individuum freier agieren kann, besitzt es auch die bedenkliche Freiheit, aus dem Handgelenk neue Zwänge zu schaffen. Im Roman sorgt Jenny Treibel dafür. Ausgerechnet sie, eine Aufsteigerin, die von der neuen Durchlässigkeit der Gesellschaft so sehr profitiert hat, errichtet aus eigener Machtfülle erneut eine Standesschranke, wenn sie verkündet, dass der Sohn eines Farben-Fabrikanten für die Tochter eines Gymnasiallehrers zu gut ist.

Die Absicht des Romans ist es nun keineswegs, bloß zu zeigen, dass die soziale Freiheit noch lange nicht vollendet ist. Mehr noch geht es hier um die Fallen, die sich gerade durch die neuen Freiheiten auftun. Schauen wir daher einmal genauer auf Corinna Schmidt, die für mich die wahre Hauptfigur des Romans ist. Corinna wäre klug, gebildet und gewandt genug, um vielleicht schon damals ihren Lebensweg alleine zu machen. Doch dem steht die immer noch herrschende und leider auch sie beherrschende Vorstellung entgegen, dass man sich als Frau einzig durch die Heirat, also durch den Mann definiert. Und tatsächlich nutzt die doch so kluge Corinna nichts von ihrer Bildung und Intelligenz

dazu, sich auf eigene Füße zu stellen. Weder im Ökonomischen, was den Gesetzen und dem Geist der Zeit
entspricht, noch im Persönlichen, wo doch ihr Spielraum erheblich größer wäre. Warum zum Teufel sieht
sich das Mädchen nicht wenigstens nach einem Mann
um, dem sie eine menschlich ebenbürtige Partnerin
sein könnte? Stattdessen wendet sie all ihre Klugheit
und ihren ganzen Charme daran, in eine reiche Familie
zu heiraten.

Leopold aber ist nicht wie sein Vater, der heiraten
konnte, wen er wollte. Er ist bloß der Schwachpunkt
der Familie, ein Muttersöhnchen, dabei nicht einmal
ein unsympathischer Typ; sein nachdenkliches und
selbstkritisches Wesen nimmt für ihn ein. Corinna
bringt nun das Kunststück fertig, diesen Leopold
dahin zu bringen, ihr eine Art Heiratsantrag zu machen,
obwohl er weiß, wie sehr er damit gegen die Absichten seiner Mutter handelt. Das ist Corinnas Meister-
stück. Sie darf Leopold natürlich nichts abnötigen
oder ihn gar erpressen; der Anschein seiner männlichen Aktivität und ihrer weiblichen Passivität müssen gewahrt bleiben. Mehr noch, Leopold muss sich
fühlen, als sei er, während er gerade, wie eigentlich
immer, nach Strich und Faden manipuliert wird, endlich der Herr seiner selbst geworden. Wie Corinna das
gelingt, verdient schon Beifall. Die betreffende Stelle,
den Ausflug beider Familien, bitte unbedingt mehr-
mals lesen!

Aber dass und wie Corinna Leopold zum Jagen
trägt, ist leider nur ein selbstgenügsames Kabinett-

stückchen. Denn im Anschluss an sein Heiratsversprechen muss das Fräulein Schmidt die bittere Lehre einstecken, dass es nichts bringt, wenn man sich etwas stibitzt, nur weil es nach Glück aussieht und weil es scheint, als könnte man es problemlos bekommen. Solche Ziele sind definitiv immer und überall die falschen. Und damit das klar wird, muss der Roman auch gar keinen der üblichen Konflikte zwischen Herz und Geld, Individuum und Gesellschaft durchexerzieren.

Gut, es mag sein, dass Jenny Treibel bereit wäre, sich als Hüterin ihrer selbstgebastelten Gesellschaftsordnung zwischen Leopold und Corinna zu werfen. Und es ist nun wirklich kein Wunder, wenn ihr die Leser bis heute übel nehmen, dass ausgerechnet sie, eine geborene Bürstenbinder, ihre jüngere Geschlechtsgenossin am Hinauf-Heiraten hindern will. Auch meine Herzensfreundschaft konnte sie sich damit wahrlich nicht erobern. Letzten Endes ist sie eine dünkelhafte Person, der Prototyp des selbstvergessenen Neureichen, und ihre Sentimentalität ist bloß eine dünne Lackschicht über einem berechnenden Gemüt. Womöglich ist sie sogar noch schlimmer als Luise Briest und der alte Haldern. Die hatten immerhin eine Gesellschaftsordnung im Rücken, die zumindest ihnen als verbindlich erschien; nur mit Hinweis darauf konnten sie gebieten, verbieten und ächten. Unter den Fabrikbesitzern hingegen gibt es keine alten Traditionen und Gesetze mehr, auf die man pochen könnte. Umso schlimmer, dass ausgerechnet eine wie Jenny Treibel sich anmaßt, neue Regeln aufstellen zu können. Wobei man gleich sagen muss, dass die neuen Regeln genau so menschenfeindlich sind wie die alten.

Der Unternehmer Treibel hat derweil viel besser verstanden, was in der neuen Zeit wirklich gilt und was nicht. »Wer sind am Ende die Treibels?«, sagt er einmal voller Zweifel. Man kann ihm antworten: Die Treibels sind nichts! Einzig ihr Geld zählt. Und dieses neue Geld wünscht sich eigentlich keine starren Dynastien, in denen es versickert wie etwa das alte Geld in den Leibrenten der Poggenpuhls. Das neue Geld wünscht sich vielmehr eine freie Welt, in der es nach Belieben zu den günstigsten Anlageorten gelangen kann. Natürlich wäre es von daher wünschenswert, weil gut fürs Geschäft, wenn Leopold eine gute Partie machte. Aber der jüngere der Treibel-Söhne ist bereits ohne ein sicheres Standesbewusstsein, ohne eine feste Vorstellung von seiner Identität aufgewachsen. Bei irgendeiner Ehre, Tradition, Verpflichtung etc. kann man ihn nicht mehr packen. Höchstens noch bei seinem geschäftlichen Ehrgeiz.

Doch dummerweise sind die beiden Treibel-Söhne in diesem Punkt ziemlich weit vom Stamm gefallen. Schon der ältere ist ohne besondere unternehmerische Ambitionen. Man hat ihm einen Holzhandel gekauft wie einen mächtig großen Kinderkaufladen. Und zur inneren Stütze ist er an eine hanseatische Kaufmannstochter verheiratet worden, neben der Jenny Treibel wie ein duldsames Mütterlein erscheint, ähnlich wie Luise Briest neben Waldemars Stiefmutter. Doch selbst verglichen mit seinem älteren Bruder ist Leopold ein

Versager. Es ist zu befürchten, dass mit den beiden Söhnen die Treibels aussterben werden, jedenfalls als Unternehmerdynastie. Aber was tut's! Das Geschäft wird sich dann eben von seinen Besitzern lösen und bessere Herren finden. Hatten sich die Mitglieder der älteren Herrschaftsschichten noch bis zuletzt auf das berufen, was sie von Geburt an und unabhängig von ihrer Person zu sein glaubten, müssen die Angehörigen des neuen Mittelstandes sich in jeder Generation neu erfinden. Leopold repräsentiert also nicht mehr als den materiellen Pflichterbteil, den er womöglich bloß aufzehren wird. Im ökonomisch fixierten Denken des Bürgertums ist er totes Kapital.

Und genau deswegen könnte eine wie Corinna ihn für sich erobern. Wäre er ein anderer Mann, dann würde er, vielleicht schweren Herzens, die kluge, aber unvermögende Corinna ausschlagen und im Interesse des Geschäfts eine gute Partie machen. Nicht unwahrscheinlich wäre aber auch, dass er Corinna von sich aus einen Antrag machen würde, egal was die Mama dazu sagt. Eine wie Corinna könnte gut fürs Geschäft sein, auch ohne große Mitgift! Aber Leopold ist nun einmal ein Schwächling; und daher ist es kein Zeichen von Corinnas Stärke, wenn sie ihn so gut manipulieren kann. Es ist vielmehr ein Zeichen ihrer Schwäche, dass sie ihre Kraft an eben dieses Ziel verschwendet. Tatsächlich wird sie für ihre Verkennung der Verhältnisse umgehend bestraft.

Die Strafe erfolgt nun nicht von irgendeiner Seite, sondern quasi automatisch. Nachdem Leopold sich durch seinen Heiratsantrag zu einem Befreiungsschlag aufgerafft hat, der in Wahrheit gar keiner ist, bringt er nichts mehr zu Wege. Er ist praktisch gelähmt. Bis zum Ende des Romans sitzt er in seinem ewigen Kinderzimmer und schreibt eine sms nach der anderen, pardon!, täglich einen Brief an Corinna, in dem er alles wiederholt und bestätigt, ohne auch nur die kleinste Tat folgen zu lassen.

So muss Corinna in vielen Lektionen lernen, dass man gerade dort sehr hoch verlieren kann, wo der Einsatz ganz kontrolliert zu sein scheint. Stine und Lene waren noch unglücklich darüber geworden, dass für ihren Märchenprinzen im wirklichen Leben kein Platz war. Corinna hingegen verzichtet von vorneherein darauf, an einem unerfüllbaren Wunsch zu leiden. Sie verabschiedet sich von allen großen Gefühlen und Träumen und konzentriert sich auf das Erreichbare im engen Umfeld; doch die Bemühung um die leichte Beute, verkörpert durch Leopold, erweist sich letzten Endes als reine Kraftverschwendung. Eine Erkenntnis, die man sich hinter die Ohren schreiben sollte.

Corinna Schmidt zeigt so in Person, welche Gefahren die neue Durchlässigkeit der Gesellschaft birgt. Wenn man mit einer Liebe über Standesschranken nicht mehr gleich seine Reputation oder gar Kopf und Kragen riskiert, läuft man Gefahr, hier und da mal einen Versuch mit begrenztem Einsatz zu wagen. Doch das schadet dem Charakter. Sie wäre mit Leopold sicher nicht glücklich geworden, sagt Corinna einmal, aber auch nicht so ganz unglücklich. Du liebe Güte!

Das sind Milchmädchenrechnungen, bei denen man unterm Strich mächtig draufzahlt. Über Instetten sagte Effi auf dem Sterbebett, er sei so edel gewesen, wie man ohne Liebe sein kann. Ich fürchte, für Corinnas Klugheit, ihre Intelligenz und ihren Charme gilt das gleiche.

Allerdings verurteilt sie der Roman noch weniger als Jenny. Im Grunde sind sie ja auch Schwestern. Mich zumindest würde es nicht wundern, wenn Corinna, hätte sie ihren Leopold bekommen, später die eigenen Kinder vor dem würde bewahren wollen, was sie für eine schlechte Partie hielte. Es geht im Roman nun wirklich nicht darum, die Welt in gute und böse Kreise, Stände oder Schichten zu scheiden; es geht vielmehr um wiederkehrende Verhaltensmuster, die es in allen Gesellschaftsschichten gibt.

So wie Luise Briest und Geert von Instetten haben auch Jenny Bürstenbinder und Corinna Schmidt sich gegen eine Beziehung entschieden, die auf einem Gefühl beruhen und damit etwas Selbständiges und Selbstbestimmtes haben könnte. Stattdessen triumphiert das Kalkül. Kein Wunder, dass Jenny genau wie Luise dieses Manko zwanghaft an die Menschen in ihrer Umgebung weiterzugeben sucht. Doch dass es ihr gelingt, hat sie ironischerweise nicht ihrer Stärke, sondern der Schwäche ihres eigenen Sohnes zu verdanken – und damit der Frucht ihrer vermeintlichen Stärke! Corinna hingegen kommt noch einmal davon und bekommt ihren Marcellus. Hoffentlich hat sie etwas gelernt.

Frau Jenny Treibel ist ein ziemlich panoramatischer

Text. Wir lernen englische Reisende kennen, versnobte Hanseatinnen mit barbarischem Putzzwang, mal mehr und mal weniger philiströse Gymnasiallehrer, skurrile Politikdarsteller, zart verbitterte Gouvernanten und redselige Polizistenwitwen. Ich bin versucht zu sagen: Die geheime, aber eigentliche Hauptfigur des Romans ist die Stadt Berlin, zu der auch schon die Zugezogenen und die Touristen gehören. Fontane entwirft dabei ein quasi fotografisches Panorama der damals neuen Gesellschaft, so wie er in den Poggenpuhls ein paar handkolorierte Ansichtskarten der alten gezeigt hatte. Dabei erscheint das neue Bürgertum im Roman als eine Klasse, die durch ihre ökonomische Macht nach politischem Einfluss strebt. Es erscheint aber auch als Träger eines neuen Selbstbewusstseins.

Doch dieses Selbstbewusstsein ist noch ziemlich schwankend. So wenig wie die Schmidts können die Treibels irgendwelche Geburtsrechte und damit Traditionen und »Ordnungen« für sich reklamieren. Für beide gilt es, die gestiegene Bedeutung des Individuums erst einmal zu begreifen und ins Leben zu übersetzen. Am besten schafft das der Gymnasiallehrer Schmidt, sicher eine von Fontanes Lieblingsfiguren und ein Alter Ego des Autors, indem er sich auf die Position des interessierten Beobachters zurückzieht. An die Stelle der Familientradition ist für ihn Tradition als die Summe der Bildung getreten; das ist schließlich auch ein Haus, in dem man wohnen kann.

Treibels hingegen haben Geld, wissen aber nicht, wohin sie wirklich gehören. In der Politik machen sie sich noch beinahe tödlich lächerlich. Und auch die Kunst kommt bei ihnen nur als Mode und Dekoration vor, das Gefühl als Schwärmerei oder als Schnulze. Mit instinktivem Bedacht hat Jenny einen Kreis von Leuten um sich geschart, in dem sie und ihr Mann sich so sicher bewegen können wie Arnaud inmitten seiner nörgelnden Stammgäste. Es ist ein einfacher Deal: Die Hausfreunde, angeführt und organisiert vom Opernsänger a.D. Adolar Krola, wiegen Treibels in der Sicherheit, neben der Farbenfabrik auch Kultur zu besitzen; als Entlohnung dafür werden sie großzügig bewirtet. Dabei sind die Zusammenkünfte wie Baisers: süßlich und leer. Ein Fundament von Überzeugungen hat diese »Kultur« nicht gelegt, nur den Konsum ein wenig garniert.

Ich weiß, man darf nicht über die Texte hinaus fantasieren. Aber eines würde mich wirklich sehr interessieren: Wohin wohl werden die Kinder der Treibel-Söhne und ihrer Hamburger Schreckschrauben-Gattinnen einmal geraten? In den zwanziger Jahren werden es Leute um die Vierzig sein. Ich ahne das Schlimmste.

Melanie und Mathilde
oder: selbst ist die Frau

Melanie de Caparoux ist die Tochter eines Schweizer Adligen und Generalkonsuls in Berlin. Sie ist verwöhnt, aber gebildet; ach ja, und sie ist bildschön, sie hat tizianrote Haare. Als der Papa stirbt, ist Melanie siebzehn und erbt einen Berg von Schulden. Welch ein Glück, dass sich Ezechiel van der Straaten einfindet, gut zwanzig Jahre älter, ein potenter Banker, allerdings auch ein schwieriger Charakter. Die beiden heiraten und bekommen zwei Töchter.

Muss einem das nicht bekannt vorkommen? Richtig: Melanie, die übrigens bloß Lanni gerufen wird, teilt mit Effi, die auch nur mit ihrem Kosenamen vorkommt, das Schicksal einer unvorbereiteten Frühverheiratung. Und auch die Ehemänner sind einander nicht unähnlich, beide machen sie zum Beispiel gerade noch weiter Karriere, der Banker auf der Basis seines beeindruckenden Vermögens. Im Vergleich zu Instetten ist van der Straaten allerdings ein komischer Kauz. Ganz auffallend ähnelt er dem Alten, der die Witwe Pittelkow finanziert und drangsaliert.

Und sagen wir es einmal frei heraus: Der Mann ist unmöglich. Weil er sehr viel Geld und damit sehr viel Einfluss hat und ihm deshalb niemand offen widerspricht, redet er in einem fort über alles und jedes, um es ironisch und meistens sogar irgendwie zweideutig zu kommentieren. Nichts Großes oder Angesehenes kann er bestehen lassen. Über alles macht er sich lustig; er ist gegen die momentane Politik ebenso wie gegen die angesagte Musik. Womöglich ist er ein ängstlicher und unsicherer Mensch, der dauernd laut ist, so wie jemand im nächtlichen Wald singt, damit er die Stille nicht ertragen muss.

Der Text hegt allerdings eine gewisse Sympathie für den unmöglichen Banker, der aus seinem Geld und seiner Macht die Freiheit schöpft, alles und jedes auf das Maß des Alltäglichen herunterzureden. Inmitten einer Gesellschaft, die von steifen Regeln und verstaubten Glaubenssätzen beherrscht wird, ist er ein zwar unangenehmer, aber auch unbestechlicher Repräsentant des Selbst-Denkens. Allerdings muss man leider sagen, dass er sich oft genug auf Kosten anderer amüsiert. In der Haut seiner jungen Frau möchte man bei solchen Gelegenheiten nun wirklich nicht stecken.

Übrigens unterhält auch van der Straaten, ganz ähnlich wie der Alte, wie Treibel und Arnaud, eine kleine Privatgesellschaft, weil er in die große Gesellschaft nicht so recht passt. Man könnte meinen, Fontane habe ihn aus seinen anderen Figuren zusammengesetzt; aber das Gegenteil ist der Fall: *L'Adultera*, bereits 1880 erstmals abgeschlossen und 1882 in Buchform erschienen, ist sein erster Gesellschaftsroman. Eher ist es wohl so, dass der damals bereits sechzig Jahre alte Fontane hier Motive und Figuren schafft, die er in den späteren Romanen wieder aufgreifen und weiter entwickeln wird.

Aber zurück zu Lanni. Von Effi unterscheidet sie sich nun ganz deutlich, indem sie auf die Auslieferung an einen so viel älteren Mann nicht mit einem Festhalten an der Kindlichkeit reagiert. Ganz im Gegenteil! Sie bietet ihrem polternden und schwadronierenden Ehemann ganz schön Paroli. Das ist schon daran erkennbar, dass auch sie sich seinen Namen zurechtbiegt: Sie nennt ihn, leicht ironisch, Ezel. Und überhaupt zeigt sich, dass Melanie gerade im alltäglichen Reden mit ihrem Mann durchaus mithalten kann. Tatsächlich beteiligt sie sich ganz gerne an seinem Geläster; und es kommt auch schon einmal vor, dass sie das letzte Wort behält. Tatsächlich haben die van der Straatens eine Art Familienjargon ausgeprägt. Allerdings vermeidet Melanie es klugerweise, sich ganz auf das Niveau ihres Mannes einzulassen. Denn indem sie immer wieder jene höheren Werte und jene Anständigkeit verkörpert, mit der van der Straaten beständig hadert, ist sie ihm letztendlich sogar überlegen. Schaut man ein bisschen genauer hin, dann erkennt man, dass im Grunde sie das Sagen hat. Man ist versucht zu glauben: Die beiden führen eigentlich eine perfekte Ehe.

Doch das stimmt natürlich nicht. Es ist mehr eine Zweckgemeinschaft, ein Joint Venture in Dingen des Gemüts, des Charakters und nicht zuletzt des Vermögens. Tatsächlich bedarf es im Roman keiner großen Kraft, um die Beziehung zwischen Lanni und Ezel zu sprengen. Der Spaltpilz heißt Ebenezer Rubehn und ist ein junger Mann wie aus dem Bilderbuch der Schwiegersöhne: Bankersohn, Reserveleutnant, Opernfan, fleißig, höflich, zurückhaltend, ernst. Wollte man ihm übel, könnte man ihn allerdings auch eine Schlaftablette nennen und gleich wieder vergessen. Allerdings gerät er unversehens in das Treibhaus, in dem Melanie mit van der Straaten lebt. Und natürlich richtet er dort Verwüstungen an.

Übrigens kennen wir auch Rubehn schon recht gut. Er ähnelt dem Ingenieur Gordon; ähnlich wie der hat auch der junge Frankfurter Banker auf seinen Reisen ins Ausland eine, wie es heißt, »amerikanische Selbstgewissheit« erworben. Die äußert sich nicht zuletzt in seinem Desinteresse an Plaudereien über dies und das. Im Hause van der Straaten macht ihn das nun keineswegs uninteressant. Das genaue Gegenteil ist der Fall. Neben dem stillen und vielleicht tatsächlich etwas langweiligen Rubehn fühlt sich Melanie, wie sie sich neben dem Dauerredner van der Straaten noch nie gefühlt hat: nämlich bedeutend! Im permanenten Gequassel und Gedröhne ihres Ehemannes waren alle höheren Werte kleingeredet und überhaupt alles aufs alltägliche Maß gestutzt worden. Dagegen strömt aus Rubehns Schweigen geradezu eine Flut von Bedeutung in Melanies Leben. Dem kann sie schließlich »unter Palmen«, das heißt im Gewächshaus der van der Straatenschen Villa an der Spree, nicht widerstehen. Sie beginnt eine Affäre mit Rubehn, und sie wird schwanger.

Melanie ist sich sicher, gefunden zu haben, was ihr bislang vorenthalten war: die Liebe ihres Lebens. Sie beschließt, mit Rubehn zu fliehen und alles zurückzulassen, auch ihre Kinder. Großartig ist die Szene ihres nächtlichen Aufbruchs. Sie zeigt vor allem die charakterliche Ambivalenz der Figuren. Es ist wie im Leben: Niemand ist nur das, was er auf den ersten Blick zu sein scheint. Denn als van der Straaten Melanie stellt und sie zugibt, von ihrem Geliebten ein Kind zu erwarten, da taumelt der Banker zwar zunächst unter diesem schrecklichen Verrat, doch dann bietet er an, alles zu verzeihen und das Kind als seines anzuerkennen, wenn sie nur bei ihm bleibe. Was für eine Selbstüberwindung für einen Mann wie ihn, der nur Gehorsam und Unterwerfung kennt! Ein Mehr an Größe könnte Melanie eigentlich nicht verlangen; und schon scheint sie auch gewillt, für diese erste echte Heldentat ihres Ehemannes das Abenteuer ihrer großen Liebe aufzugeben.

Aber der Banker mit dem holländischen Namen ist nun mal eine Ur-Berliner Kodderschnauze; und also muss er sein absolut großherziges Angebot sofort wieder ironisch relativierten und mit allerlei ziemlich abgeschmackten Beispielen garnierten. Man soll sich mit seiner Moral nicht dicke tun, sagt er. Es sei in der Welt schon immer unmoralisch zugegangen, und das Alte Testament sei ein einziger Sensationsroman.

O weh! Das geht natürlich nach hinten los. Und prompt kann der Leser verfolgen, wie sich der Banker um seinen wertvollsten Besitz redet, nämlich um seine Frau. Van der Straaten macht tatsächlich auch vor sich selbst nicht Halt, wenn es darum geht, alles mit dem gleichen Sarkasmus und Zynismus zu betrachten. Das ist, auf seine Art, konsequent, aber hier erweist es sich als eine beiläufige Form des Selbstmordes. Denn durch seine permanente Redensartlichkeit, deren Abwesenheit Botho an Lene so geschätzt hatte, erklärt er das ganze Leben zum muffigen Alltag – und genau das ist es, was Melanie nicht mehr ertragen kann.

Sie hat Schlimmes getan. Sie hat die Ehe gebrochen, sie bekommt ein Kind von einem anderen Mann, sie ist drauf und dran, ihre Kinder zu verlassen. Da verdient sie es doch, dass man ihre Taten bitteschön mit dem großen Wort »Schuld« bezeichnet und nicht als kleinen Fehltritt oder belanglose Lappalie abtut. Melanie berechnet ihre eigene Größe momentan nach der Größe ihrer Verfehlung. Redet man diese Taten klein, wie van der Straaten es schon wieder tut, so redet man auch den Menschen klein. Wie eine Diebin, sagt sie, müsse sie bei Nacht und Nebel Haus und Familie verlassen, weil das Gesetz es von ihr verlange. Und der Leser ahnt dabei, wie sehr sie es genießt, endlich einmal die Heldin in einem großen Drama zu sein, statt immer bloß die Stichwortgeberin im Schmierentheater ihrer Ehe.

Doch damit hat Melanie noch nicht die letzte Station ihres Gedankenganges erreicht. Urplötzlich unterbricht die alte Lanni den Heldinnenmonolog der neuen. Ein ganz neuer Gedanke sei ihr gekommen, sagt sie, und dann fügt sie ein paar Sätze an, die vollends beweisen, dass die verwöhnte junge Bankergattin, ähnlich wie die Arbeiterinnen Stine und Lene, ein ganz modernes Bewusstsein an den Tag legt, wenn es darum geht, ihr persönliches Verhältnis zu den gesellschaftlichen Regeln zu bestimmen. Ich zitiere es wörtlich: »Ach, Ezel, ich spreche von Schuld und wieder Schuld, und es muss beinah klingen, als sehnt' ich mich danach, eine büßende Magdalena zu sein. Ich schäme mich ordentlich der großen Worte.«

Auch das kommt uns sehr bekannt vor. Lene Nimptsch wollte schon keine büßende und selbstmordgefährdete Magdalena sein und verblüffte mit diesem Verzicht aufs Tragische ihren scheidenden Geliebten Botho. Ebenso äußert sich Lanni: Keine großen Worte! Was auch heißt: Keine großen Gedanken. Bis zu diesem Zeitpunkt hat es vielleicht noch geschienen, als seien der aus lauter Alltagsgerede bestehende Banker und seine im Tragödienmodus agierende Frau Welten voneinander entfernt; doch schon zeigt sich, dass diese Opposition keine ist und nie eine war. Lanni gesteht vielmehr ihren eigenen Missbrauch der großen Worte, die eben auch nur leere Worte sind. Sie habe, sagt sie, ein nur ganz äußerliches Schuldbewusstsein. Ihr Ehebruch ist bloß ein Vertragsbruch, keineswegs der Bruch mit einer akzeptierten und verinnerlichten Moral.

Ich sagte es schon: Auch Lanni ist ein ganz moderner Mensch. Wenn es ihr in den Kram passt, redet sie von Anstand und Moral, besonders, wenn es darum geht, ihrem Schwätzer von Ehemann contra zu geben. Dabei ist sie selbst sehr gut imstande, die gesellschaftlichen Regeln nach ihren ureigenen Bedürfnissen auszulegen. Und nun ist es passiert! Quasi zufällig passen ihre Absicht, eine neue Bindung einzugehen, und die allgemeinen Regeln, nach denen eine Ehebrecherin unbedingt zu verstoßen ist, ganz gut zusammen. Lanni geht, weil sie gehen will, sagt aber zunächst, sie gehe, weil sie gehen müsse. So redet man sich die Verhältnisse zurecht, doch Lanni ist so klug, das selbst zu bemerken: Es treffe sich gut, sagt sie, dass die allgemeinen Gesetze und ihre egoistischen Absichten zusammenfallen. Damit stellt sie van der Straaten kalt, den großmütigen Ehemann genau so wie den zynischen Schwätzer. Sie will einfach weg. Und indem sie sich als Ehebrecherin outet, kann er sie nicht halten. Aktion gelungen. Basta.

Wie um alles in der Welt bringt man nun eine solche Geschichte zu Ende? Wie einen Schluss finden, wenn die »tragische« Heldin bereits angekündigt hat, dass sie die gesellschaftlichen Verhältnisse und Regeln nur insofern akzeptiert, als sie ihr gerade in den Kram passen? Tatsächlich habe ich bei der Lektüre von *L'Adultera* immer wieder das Gefühl, Fontane musste sich bei seiner Lösung dieses Problems ein wenig plagen. Allerdings weist die Lösung, die er schließlich wählt, ganz deutlich voraus auf die souveräne Verdoppelung der Geschichte in *Irrungen, Wirrungen*.

Zunächst lässt der Roman die scheinbar so selbstbewusste Melanie nun doch die Plagen eines schlechten Gewissens durchleiden, die sie nach der Geburt ihres Kindes auch nur knapp überlebt. Anschließend setzt er sie der Verachtung der Berliner Gesellschaft aus. Ganz schlimm kommt es, als ein Treffen mit ihren Töchtern arrangiert wird. Bei einer ähnlichen Begegnung war Effis Tochter von Instetten programmiert worden, der Mutter nicht zu nahe zu kommen. Van der Straaten hat das gar nicht nötig, denn Lydia, die ältere der beiden Töchter, ist mit ihren zehn Jahren schon eine eingebildete und rachsüchtige Ziege. Das erste Wiedersehen mündet in eine furchtbare Szene. Effi hat das ebenso erleben müssen, und wie ihr, so raubt auch Melanie diese Begegnung all ihre Kraft. Aber es gibt noch eine Steigerung; schließlich verfinstert sich auch die Beziehung zu Rubehn, als den Banker berufliche Probleme plagen.

Doch ausgerechnet von Seiten des Ökonomischen, nämlich aus dem Bankrott des Frankfurter Bankhauses, lässt der Roman Melanie die Art von Rettung zukommen, auf die jemand in ihrer Lage noch hoffen kann. Bislang hatte Melanies moralische Selbständigkeit, mit der sie ihre erste Familie zerriss, gewissermaßen zwei Fuß über dem sozialen Boden geschwebt. Das »Tränenbrot«, so eine Nebenfigur, aus der vernehmlich der Autor Fontane spricht, habe sie noch nie gegessen. Oder anders gesagt: Melanies Moral war immer auf dem Geld anderer Leute gebaut. Als sie den Berliner Banker verließ, sorgte ein Frankfurter für sie.

Doch nun der Wandel! In dem Moment, da Rubehn sein Geld durch den Zusammenbruch seiner Bank verliert, bekommt Melanie die Chance, ihr eigenes zu verdienen. Die allseits gebildete junge Frau aus besten Kreisen gibt ab sofort aus schierer Not Unterricht in Musik und Französisch, genau wie Sophie Poggenpuhl. Doch sie tut es nicht gegen diskrete Geschenke wie das arme Fräulein aus besseren Kreisen, vielmehr verdient sie damit ebenso offiziell den Unterhalt der kleinen Familie wie ihr Mann, der auch seine Sprachkenntnisse vermarktet und als englischer Korrespondent arbeitet. So wird aus den beiden etwas, das es damals eigentlich noch gar nicht gibt, heute aber der Normalfall ist: ein junges Angestelltenpaar in der Großstadt, Young Urban Professionals, beide tätig im Bereich Kultur und Kommunikation.

Und genau damit sind die beiden, besonders aber ist Melanie ganz bei sich angekommen: Ihre Selbständigkeit besteht jetzt nicht mehr nur im freien Umgang mit gesellschaftlichen Regeln; es ist darüber hinaus eine Selbständigkeit im ökonomischen Sinne! Wenn, wie der Roman am Ende versichert, die beiden einander erhalten bleiben, ja als »Inseparables«, als Untrennbare, durchs Leben gehen, so nicht zuletzt deswegen, weil ihre Gleichberechtigung auch eine in Sachen Ökonomie ist.

Gegen Schluss heißt es im Text einmal, man müsse für alles bezahlen und für manches doppelt. Das darf man, denke ich, nicht vergessen, auch wenn der Roman Lanni, ihren Ehemann und die kleine Tochter in ein märchenhaft-heiteres »Und wenn sie nicht gestorben sind« entlässt. In Lannis Geschichte wird kräftig bezahlt. Für ihre Freiheit muss sie selbst zahlen, aber auch andere müssen das: Van der Straaten bleibt einsam und von der Gesellschaft verspottet zurück, seine beiden Töchter sehe ich schon als hysterische It-Girls durchs Leben schlittern. Und wenn tatsächlich der letzte Schluss stimmt, dass nur der in seiner eigenen Moral leben kann, der genug Geld verdient, dann mag das eine wie Lanni retten. Aber wehe denen, die knapp bei Kasse sind.

Ich komme damit zum Abschluss meiner Familienaufstellung. Darf ich vorstellen: Mathilde Möhring. Man könnte meinen, ihr Autor habe sie wie ein Stiefkind behandelt. Geschrieben um 1891, wurde der Roman 1895 überarbeitet, aber nicht veröffentlicht. Gerade war *Effi Briest* erschienen; Fontane stand auf dem Gipfel seines Erfolges zu Lebzeiten. Lag es an der Kraft raubenden Arbeit dieser Jahre, dass für Mathilde keine Zeit blieb? Oder musste sie hinter anderen, sympathischeren Charakteren zurückstehen? Zu ihrem Wesen würde es passen. Erst 1908 erschien der Roman aus dem Nachlass.

Ausgeschlossen scheint mir allerdings, dass Fontane diesen Text vernachlässigt haben könnte, weil ihm das Thema nicht lag. Im Gegenteil, auch hier geht es, und ganz besonders deutlich, um den Versuch und die Möglichkeiten einer jungen Frau, innerhalb der Gesellschaft aufzusteigen, von ihrem Streben nach Glück gar nicht zu reden. Allerdings ist Mathilde unter den Fontaneschen Frauengestalten diejenige, die es am schwersten hat, unsere Sympathie zu erobern, obwohl nur allzu verständlich ist, was sie tut. Sie will aus ihren ärmlichen und bedrückenden Verhältnissen heraus, und wer an ihrer Stelle würde das nicht wollen? Aber leider ist Mathilde pedantisch, berechnend und prüde, vielleicht sogar kaltherzig, und überdies absolut humorlos.

Nun, dafür gibt es natürlich Gründe. Das Leben, das sie zusammen mit ihrer Mutter führt, ist eine ziemlich genaue Entsprechung zu dem der Poggenpuhls. Man könnte sagen, der Kreis schließt sich. Genau wie bei Poggenpuhls fehlt der Ehemann, Vater und Ernährer; der Buchhalter Möhring ist gestorben, als Mathilde noch fast ein Kind war. Und so wie Poggenpuhls Tod die Familie in Armut stürzte und so die Heiratsaussichten seiner Töchter zerstörte, so vernichtete Möhrings Tod Mathildes Hoffnung, durch eine entsprechende Heirat wenigstens in kleinbürgerlichen Verhältnissen leben zu können. Stattdessen wohnt sie noch bei ihrer Mutter, die mit ihrer beständigen und eigentlich nicht auszuhaltenden Jammerei über alles und jedes ein perfektes Pendant zur Witwe Poggenpuhl abgibt. Und noch eine Entsprechung: Ihr bestes Zimmer haben auch die beiden Möhrings nach Kräften aufgehübscht, mit gebrauchten Möbeln und Bildern nach herrschender Mode. Und auch dieses Zimmer ist auf seine Art ein Aussterbensort; Mutter und Tochter bestreiten nämlich ihren Lebensunterhalt damit, es an junge Herren zu vermieten, während sie selbst in ihrer eigenen Wohnung wie die Dienstboten leben.

Es könnte jetzt wie eine Beleidigung für Corinna Schmidt klingen, wenn man ihr ausgerechnet Mathilde als Schwester im Geiste an die Seite stellte. Corinna gilt doch als hübsch, klug und gewandt, besonders im Reden, während Mathilde dünnes Haar hat, allenfalls im Profil akzeptabel aussieht und ansonsten blass, fahl und humorlos ist. Dazu hat Corinna Chancen in der mittelgroßen Welt außerhalb ihres Zuhauses, während Mathilde wie ein graues Tierchen in ihrem dunklen Bau sitzt. Dennoch ist da eine große Verwandtschaft.

Denn beide Frauen wollen eine Möglichkeit nutzen, sich durch eine »gute Gelegenheit« nach oben zu bringen. Corinna bemüht sich nach Kräften um diese Chance, gewissermaßen proaktiv. Mathilde hingegen wartet darauf wie eine Spinne im Netz.

Und tatsächlich erscheint die Beute in Gestalt des neuen Untermieters Hugo Großmann, eines Jurastudenten von sechsundzwanzig Jahren. Großmann ist ein stattlicher, nicht unintelligenter junger Mann aus gutem Hause. Man darf nicht laut aussprechen, wie schlecht solche Leute für gewöhnlich über die Töchter ihrer Zimmerwirtinnen denken und reden. Doch Hugo ist anders als die meisten anderen, leider, denn vor allem ist er schwach. Er ist arbeitsscheu und zerstreut, ein schön anzusehendes Exemplar des Typus verbummelter Student mit einem starken, wenngleich folgenlosen Hang zur Kunst. Er ist ein Büchermensch; doch es sind nicht seine Lehrbücher, die er liest, den Bleistift in der Hand, sondern schöne Literatur, die er offenbar in allen Ausprägungen liebt. Für seine Eltern, die sich um seine Karriere sorgen, ist so ein Mann ein Problem. Aber für Mathilde ist er genau der Richtige. Mit der Energie ihrer Verzweiflung und ihrem eisernen Willen schafft sie es, förmlich in ihn hineinzuschlüpfen, um so ihren Plan vom sozialen Aufstieg zu realisieren.

Aber der Reihe nach. Zuerst muss Mathilde ihn rumkriegen. Wie sie das macht, ist ziemlich abgefeimt; ich würde es einen Sündenfall im Kleinformat nennen. Als Hugo an den Masern erkrankt, also nicht nur im charakterlichen, sondern auch im körperlichen Sinne schwach und wehrlos ist, geht sie in die Offensive. Sie umhegt und pflegt ihn, bis er seine Dankbarkeit für so etwas wie Liebe hält. Außerdem schwant ihm, dass seine Pflegerin Mathilde auch seine Führerin sein und ihn aus seiner verbummelten Existenz retten könnte. Tatsächlich spielt er bereits, genau wie Leo Poggenpuhl, mit dem Gedanken, sein bisheriges Leben aufzugeben und wie ein Kommilitone Schauspieler zu werden. Als er schließlich Mathilde einen Heiratsantrag macht, ist das im Grunde ein Antrag auf eine möglichst freundliche Übernahme seiner Existenz. In einer denkbar emotionslosen Szene nimmt Mathilde den Antrag an, allerdings unter der strengen Auflage, dass Hugo sein Leben ändere. Es wird eine karge Verlobung gefeiert.

Von nun an arbeitet Mathilde jede Minute am Projekt ihres Aufstiegs. Ihre schlimmsten Gegner sind Hugos künstlerische Neigungen und sein weiches, willensschwaches Gemüt. Das heißt allerdings auch, ihr schlimmster Gegner ist Hugo selbst! Der ändert sich nämlich nicht wirklich, er wird ab jetzt nur anders geführt. Dabei handelt Mathilde äußerst geschickt, in richtiger Einschätzung von Hugos Kräften. Sie hört ihm seine juristischen Lektionen ab, und wenn die ihn langweilen oder überfordern, gibt es Konfekt oder sie liest ihm die bunten Meldungen aus der Zeitung vor. Schließlich konstruiert sie aus dem armen Jungen etwas, das alles, bloß nicht Hugo ist. Und als der das erste Staatsexamen glücklich besteht, erkennt Mathilde richtig, dass seine Selbstverleugnungskräfte für das zweite nicht ausreichen werden. Also studiert sie die

Stellenangebote und verschafft ihm eine Position als Verwaltungschef in einem kleinen Ort, sehr weit von der Hauptstadt entfernt. Es wird auch geheiratet, worauf Mathilde die Fahrt zu ihrem neuen Lebensort tatsächlich zur Hochzeitsreise erklärt. So geizig muss man erst einmal sein. Und so frech.

Doch Mathilde ist noch längst nicht am Ziel. Die Arbeit geht weiter; ja, sie beginnt gerade erst. Mathilde ist es, die vom ersten Tag an hinter den Kulissen die Geschäfte ihres Mannes führt. Genau wie Effi ist sie in ein langweiliges Kaff geraten, doch statt wie Effi dort ein verstecktes Kinderleben zu führen, coacht sie ihren Ehemann, schubst ihn in die richtigen Positionen und steuert sein Self Marketing. Sie ist in allem das genaue Gegenstück zu Effi. Umgehend ist sie die eigentlich wirkende, die tätige, Einfluss nehmende Frau. Und das bleibt auch nicht ganz verborgen; man bemerkt durchaus, dass der neue Verwaltungschef eine starke Frau hinter sich hat.

Mathilde macht das alles sehr geschickt. Doch es bleibt eine Manipulation. Kann die ewig so weitergehen? Wer weiß. Vielleicht könnte es Mathilde sogar gelingen, einen Armeestützpunkt in den kleinen Ort zu holen und ihm damit wirtschaftlich aufzuhelfen. Vielleicht würde ihr Hugo in der Hauptstadt bekannt und in eine größere Stadt versetzt. Am Ende würde er wie Instetten in ein Ministerium berufen, und sie, die kleine graue Mathilde, würde eine große Dame mit Einfluss in höchsten Kreisen. Da würde die Mutter Möhring aber staunen.

Würde, würde! Doch Mathilde lebt nicht in der Wirklichkeit, sondern in einem Roman; und in einem Roman geschieht nur, was sich die Figuren wahrhaft verdient haben. Mathilde aber verdient genau wie Corinna vor allem zu erfahren, auf was für eine instabile Konstruktion sie sich eingelassen und auf welch unsicherem Boden sie ihren Lebensentwurf gebaut hat. Sie wusste von Beginn an, dass Hugo schwach war, nur deshalb konnte sie ihn für ihre Aufstiegspläne in Dienst nehmen. Das Problem dabei ist: Seine Schwäche ist nicht nur ihre Chance, sondern auch ihr Risiko. Wenige Monate nach Antritt seiner Stelle, zu Weihnachten, erkrankt Hugo wieder. Mathilde müsste alarmiert sein. Doch wie sie ihn zuvor mit übertriebener Hingabe gepflegt hat, so stellt sie nun seine gesellschaftlichen Verpflichtungen über seine Gesundheit, deren heiklen Zustand niemand so gut kennt wie sie.

Fontane schildert die Szene sehr diskret und ohne explizite Anklage. Man dürfte nicht sagen, dass Mathilde ihren kränkelnden Hugo in die Wintervergnügen der Stadtgesellschaft hinausgetrieben habe. Aber deutlich wird schon, wie sehr ihr daran liegt, ihren Hugo richtig zu platzieren. Außerdem kann sie jetzt endlich genießen, was sie bislang nur aus der Ferne gesehen hat, das Leben in den besseren Kreisen. Die Strafe folgt allerdings auf dem Fuß. Es kommt, wie es kommen muss. Hugo, der nun einmal nicht gemacht ist für ein Leben, das Kraftanstrengungen verlangt, erkrankt erneut und stirbt, so dass Mathilde nach den paar Monaten einer als Ehe getarnten Reise in die höheren Schichten zu ihrer jammernden Mutter in die Berliner Mietwohnung zurückkehren muss. Alles wird wieder so grau und unglücklich, wie es war. Nur untervermieten müssen die Möhrings nicht mehr, dank der kleinen Rente, die der tote Hugo noch abwirft. Was freilich auch bedeutet, dass die Wohnung in der Invalidenstraße jetzt endgültig zu einem stillen Aussterbeort zu werden droht. Ich kann mir durchaus Leser vorstellen, die eine gewisse Genugtuung an Mathildes Desaster empfinden. Selber schuld!

Doch dann geschieht etwas, das mit der wenig sympathischen Mathilde versöhnen könnte und ihr immerhin die herausgehobene Position am äußersten Flügel meiner Fontaneschen Familienaufstellung einbringt. Man höre und staune: Mathilde stellt sich auf eigene Füße! Der österreichische Schriftsteller Heimito von Doderer, der geboren wurde, als Fontane letzte Hand an seinen Roman legte, hätte es eine »Menschwerdung« genannt.

Was genau geschieht? Mathilde wird Lehrerin, wie Lanni. Könnte sie meine Familienaufstellung überschauen, so sähe sie an deren anderem Ende als ihr Pendant Sophie von Poggenpuhl, das diskrete Allroundtalent. Wie Corinna und Melanie hat auch Mathilde einmal eine Ausbildung genossen, und daran erinnert sie sich jetzt. Sie legt in kürzester Zeit und mit viel besseren Noten als ihr Hugo die nötigen Prüfungen ab und wird, Lanni und Sophie weit übertreffend, in den Staatsdienst übernommen. Ab sofort hat sie ein zweites Zuhause: die Volksschule Nummer sowieso, Berlin

Nordwest, irgendwo zwischen Tegel und Moabit. Bravo, Frau Großmann, geb. Möhring!

Doch viel wichtiger noch ist, dass Mathilde am Ende einsieht, was sie getan hat. Und wahrlich, Einsichten sind ja eher die Ausnahme. Auslöser dafür ist bezeichnenderweise ihr erstmaliger Widerstand gegen das Gerede und Gejammere ihrer Mutter, in dem stets nur von Geld die Rede ist. Bislang hat Mathilde ihrer Mutter immer zugestimmt, die beiden sind ja durchaus wesensverwandt. Aber jetzt schießt die quengelige Alte übers Ziel hinaus. Zuerst rät sie ihrer Tochter, den Witwenstand für eine neue lukrative Heirat zu nutzen. Als Witwe habe man immerhin einen »Titel«, könne ausgehen und sich kleinere Freiheiten herausnehmen, insbesondere natürlich Männern gegenüber. Da müsste sich doch etwas machen lassen. Nicht von ungefähr fällt uns hier die Witwe Pittelkow ein. Aber Mathilde lehnt ab. Nun, dann solle sie sich doch wieder Fräulein Möhring nennen und so tun, als sei die Ehe mit dem schwächlichen Großmann nie vollzogen worden. Vielleicht doch wieder Untermieter, und ein neuer Versuch.

Das ist zu viel! Mathilde platzt endlich der Kragen. Den ganzen Roman über hat sie sich alles Mögliche zurechtgebogen und in die Tasche gelogen, darunter den armen Hugo und den Plan, als starke Frau in einem schwachen Mann zu leben wie ein Bauchredner in seiner Puppe. Doch angesichts dieser höchst peinlichen Heucheleien ihrer Mutter erkennt Mathilde erstmals, dass man nur werden kann, was man selbst ist.

Die graue Mathilde, sonst immer still manipulierend, wird zum ersten Mal laut. Was für eine Befreiung! Sie erteilt ihrer Mutter eine herbe Abfuhr. Leugnung des Tatsächlichen, sagt sie, sei ein straffälliges Delikt. Das gilt natürlich dem Vollzug der Ehe mit Großmann. Aber eigentlich ist damit ihre eigene Haltung zu Beginn des Romans gemeint. Hugo war nun einmal Hugo, der sanfte und schwache. Und wenn eine Frau glaubt, durch einen solchen Mann zu werden, was sie aus eigener Kraft nicht werden kann, dann täuscht sie sich, und zwar in absolut jedem Fall. Es ist Leugnung des Tatsächlichen.

Stine weiß das, als sie dem schwachen Waldemar absagt, an seinem amerikanischen Heldenmärchen teilzunehmen. Corinna erfährt es zu ihrem Glück noch vor der Ehe, als der Einweg-Maulheld Leopold so kläglich versagt. Mathilde muss dazu Witwe werden und nach kurzem Höhenflug auf den Nullpunkt ihrer Existenz zurückfallen. Aber es ist nicht zu spät, sie kann die Konsequenzen ziehen. Und wenn sie jetzt Lehrerin wird, dann nicht bloß aus finanziellen Gründen; immerhin hat sie die Rente. Zudem ehrt sie damit Hugos, des Büchermenschen, Andenken. Jetzt ist sie es, die mit dem Bleistift in der Hand über den Büchern sitzt und damit beweist, dass sich aus dem Selbstdenken ein Beruf machen lässt, einer, der den Menschen nicht nur ernährt, sondern ihn erst zu einem Individuum macht.

Und schließlich setzt sie ein Zeichen, wohin der Weg der kommenden Mathildes, Ernestines und Magdalenes gehen wird. Ihr Weg führt nach Berlin Nordwest, nach Moabit und Tegel, wohin sich Thilde ab sofort jeden Morgen mit der Pferdebahn aufmacht, zu ihrer Arbeitsstätte, in ihre Schule. Nach Schulschluss geht sie zu Fuß nach Hause. Frischere Farben hat sie jetzt im Gesicht, der Anstrengung wegen, vielleicht auch aus Stolz auf das Geleistete. Ihr Weg führt in eine Selbstbestimmung durch Arbeit.

Es ist ein schwieriger Weg, o ja.

Wer einen besseren weiß, darf sich melden.

Abbildungen Vorsatz:

Theodor Fontane: *Effi Briest*. 2. Kapitel, Blatt 7 und 8 recto. Berlin, 1888–1894.Inv.-Nr.: TA 05/47,02 QA. *Die Poggenpuhls*. 1. und 2. Kapitel, Blatt Berlin, 1891–1894.Inv.-Nr.: V 83/9,01.

Manuskripte, eigenhändig mit eigenhändige Korrekturen, Tinte, Blei- und Blaustift; 33,00 cm x 21,00 cm.

© Stiftung Stadtmuseum Berlin

Inhalt

Burkhard Spinnen, geboren 1956, lebt in Münster. Er schreibt Erzählungen, Romane, Kinderbücher, Essays, Glossen und Rezensionen. Für seine Werke wurde er vielfach ausgezeichnet, u. a. mit dem *aspekte-Literaturpreis,* dem *Literaturpreis der Konrad-Adenauer-Stiftung,* dem *Herbert Quandt Medien-Preis* und dem *Deutschen Hörbuchpreis.*